LÉGENDE

Roma Moderna   Roma Antica

0 1 2 3 4 5 6 7 8 9 10

POUPIN, Editeur, 80, Rue de Rennes, PARIS

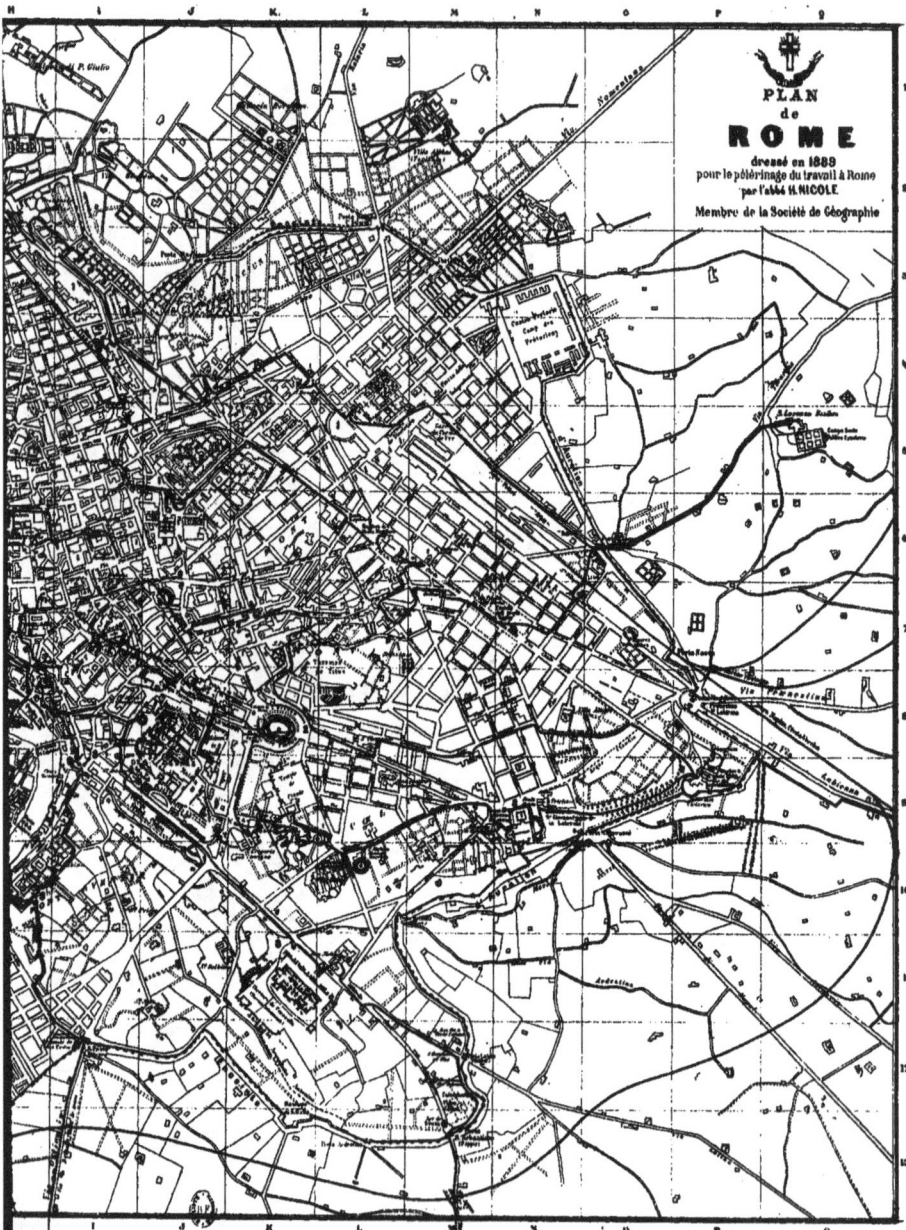

PLAN
de
ROME
dressé en 1889
pour le pélérinage du travail à Rome
par l'abbé H. NICOLE
Membre de la Société de Géographie

PIN, Éditeur, 80, Rue de Rennes, PARIS.

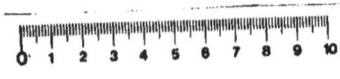

0 1 2 3 4 5 6 7 8 9 10

GUIDE

DU

PÈLERIN à ROME

PAR

M. L'Abbé LAUMONIER

Curé de Chouzy (Loir-et-Cher)

EN VENTE A REIMS

Chez Dubois-Poplimont, 220, rue de Vesle

Prix : **50** *cent. ; franco :* **60** *cent.*

AUX PÈLERINS

Léon XIII a dit, du fond de sa prison :
« Je désire voir les travailleurs français;
« qu'ils viennent, je les bénirai, ils me
« consoleront. »

Et la France du travail va prendre le
chemin de Rome.

Bons ouvriers, mes amis, quel est celui
qui vous appelle? Et pourquoi vous appelle-
t-il de préférence, vous, les hommes du
labeur? Le savez-vous? — Voici : Léon XIII
est le 253e successeur de Pierre. Son autorité,
son pouvoir, sa dignité sont ceux de Pierre.
Son siège est celui de Pierre. Et Léon XIII
se souvient que Pierre fut ouvrier; voilà
pourquoi il veut vous réunir autour de lui,
pour contempler et bénir en vous les frères
du premier Pape. Partez avec confiance.
Allez voir de vos yeux la personne de Pierre
dans celle de Léon XIII. Il vous dira votre
grandeur, et vous lirez sur son front vos
titres de noblesse. Car Jésus aima Pierre
ouvrier, l'éleva au-dessus des princes de ce

monde, et ennoblit en lui la classe entière des travailleurs.

Heureux pèlerins, la Ville éternelle offrira à vos yeux les monuments gigantesques du paganisme vaincu par les Papes, et les monuments plus grands et plus magnifiques du christianisme triomphant. Les merveilles de l'art antique et celles de l'art moderne sont là, accumulées avec profusion ; les chefs-d'œuvre du génie humain semblent réunis là pour glorifier l'Eglise de Jésus-Christ. Vous admirerez toutes ces beautés. Mais votre pensée et votre cœur seront au Vatican, qui est le but de votre pèlerinage.

Quand vous serez aux pieds du successeur de Pierre, à ce moment solennel où des milliers de catholiques envieront votre bonheur, vous lui direz : « Nous venons du « beau pays de France exprès pour vous « voir, vous témoigner notre inviolable « attachement, notre dévouement sans « bornes. » Et ces paroles toucheront son cœur, adouciront ses peines, lui feront verser des larmes de joie.

Travailleurs chrétiens, à votre retour de Rome, vous aurez vu le Pape, et vos enfants, vos épouses, vos frères, vos sœurs, jusqu'à vos compagnons de travail contempleront, avec amour et respect, ces yeux qui ont vu le Vicaire de Jésus-Christ, cette bouche qui lui a parlé, qui a baisé sa main, cette tête qui s'est courbée sous sa bénédiction. Votre front sera comme entouré d'une auréole sainte qui méritera la vénération de tous.

En avant donc, Dieu le veut; faites-vous inscrire au nombre des Pèlerins du travail à Rome. Vos enfants et petits-enfants répéteront, avec une fierté toute chrétienne : « Notre père était un des dix mille. »

GUIDE DU PÈLERIN
à Rome

PREMIÈRE JOURNÉE

La Fontaine de Trévi. — Le Quirinal. — Ste-Marie-Majeure. — S.-Laurent-hors-les-Murs. Ste-Marie-des-Anges. — Le Pincio.— La place d'Espagne.

Pour se rendre à la Fontaine de Trévi :

Les personnes logées près du Vatican traverseront la place *S.-Pierre,* prendront l'une des deux rues en face, qui aboutissent au *pont S.-Ange*; puis, après le pont, la *ria di Panico,* la *ria de'Coronari* et la *ria delle Copelle* jusqu'au bout; elles tourneront à droite le long du THÉATRE CAPRANICA, puis à gauche sur la place de ce nom, passeront derrière l'église *Santa Maria in Aquiro,* tourneront de suite à gauche et traverseront la *piazza di Pietra*, continueront par la rue du même nom et par celle *delle Muratte* qui conduit à la fontaine de Trévi.

Les personnes logées près de S.-Louis des Français prendront en face l'église, un peu à gauche, la *ria Pozzo delle Cornacchie*, longeront l'église DELLA MADDALENA en suivant la *via Santa Maria in Aquiro*, passeront derrière l'église de ce nom. (Voir l'itinéraire précédent.)

Les personnes logées près du Forum Trajan passeront devant les deux églises du forum Trajan en les laissant sur leur gauche, feront quelques pas dans la *ria Magnanapoli*, puis tourneront à gauche en arrivant sur la place, prendront en face la *ria di Pilotta*, et iront tout droit jusqu'à la fontaine de Trévi.

Les personnes logées près de S.-Jean-de-Latran prendront la *ria di San-Giovanni*, contourneront le COLISÉE sur la droite, prendront la *ria del Colosseo*, à gauche celle de *Tor de'Conti*, encore à gauche celle de *Croce Bianca*, puis à droite la *ria Alessandrina* qu'elles suivront jusqu'au *Forum Trajan* ; elles longeront le Forum jusqu'à la façade de l'église, tourneront à droite, feront quelques pas dans la *ria Magnanapoli*. (Voir itinéraire précédent.)

Les personnes logées à la place d'Espagne prendront la *ria di Propaganda*, tourneront à droite par la *ria del Pozzetto*, puis prendront la première à gauche qui les conduira à la fontaine de Trévi.

1re REMARQUE. — Les personnes logées près du Vatican ou près de S.-Jean de Latran peuvent prendre les omnibus pour la *piazza di Venezia*, d'où elles se rendront en prenant le *Corso* et en tournant par la *ria delle Muratte* (la sixième à droite.)

2me REMARQUE. — Les personnes logées à S.-Jean de Latran gagneraient beaucoup de temps et s'épargneraient un long trajet en se rendant de suite à Ste-MARIE-MAJEURE, par la *ria Merulana* qui est directe; elles commenceraient leurs visites par cette basilique, continueraient en suivant l'ordre du GUIDE; arrivées à la *place d'Espagne*, elles reprendraient par la *Fontaine de Trévi*, le *Quirinal*, etc., et rentreraient par *Ste-Marie-Majeure*, et la *ria Merulana*.

3me REMARQUE. — Les personnes logées à la place d'Espagne feraient de même; elles graviraient le grand escalier qui est sur cette place, et commenceraient par la *Trinité des Monts*, en ayant soin de ne pas aller en sens inverse du GUIDE pour éviter l'encombrement.

4me REMARQUE. — Les premiers groupes arrivés devront commencer de suite la visite; car, en plus d'un endroit, il ne pourra pénétrer à la fois qu'un nombre très limité de personnes.

FONTAINE DE TRÉVI. — (Plan l. 5.) Cette fontaine est la plus belle de Rome ; elle est alimentée par l'eau dite **Acqua Vergine** qui fut amenée à Rome par Agrippa l'an 27 avant Jésus-Christ. Le débit de l'aqueduc est de 155,271 mètres cubes par jour. (Bædeker.)

Ce monument, commencé sous le pontificat et par les ordres de Clément XII, est adossé au palais Poli qui renferme le **Ministère du commerce.**

La statue qui est au milieu représente **Neptune** ; à droite du spectateur est la **Santé** et à gauche l'**Abondance.** Au-dessus on voit deux hauts-reliefs : d'un côté **Agrippa qui examine le plan de l'aqueduc, et de l'autre une jeune fille faisant connaître la source aux soldats altérés d'Agrippa,** d'où vient à cette eau le nom d'*Acqua Vergine.* Les statues supportées par les colonnes représentent les quatre saisons.

Chambre où S. Labre reçut l'hospitalité. — En contournant la fontaine à gauche, on est de suite sur la *piazza de'Croriferi* ; au n° 20 de la rue du même nom, le patron des pèlerins, S. Labre, reçut l'hospitalité. Dans la chambre qu'il occupa, on conserve divers objets ayant été à son usage.

ÉGLISE DES SS. VINCENT ET ANASTASE. — Revenant sur ses pas, on trouve en face de la fontaine l'église des SS. Vincent et Anastase, reconstruite par le cardinal Mazarin ; elle n'est remarquable que par sa chapelle souterraine, où l'on conserve les entrailles de tous les papes morts depuis Sixte-Quint.

PLACE DU QUIRINAL. — (Plan J. 6.) La *ria di San Vincenzo* qui passe devant l'église débouche à gauche dans la *ria della Dataria*, ainsi nommée des bureaux de la DATERIE APOSTOLIQUE qui se trouvaient sur la gauche en montant. Par ces deux rues, on arrive en trois ou quatre minutes à la place *del Quirinale*, autrefois *Monte-Cavallo*. Cette place, dont Pie IX fit beaucoup embellir les abords, est ornée d'une fontaine, de deux statues colossales de dompteurs de chevaux et d'un obélisque.

PALAIS DU QUIRINAL. — En arrivant par l'escalier qui termine la *ria della Dataria*, on a à sa gauche le palais du Quirinal. Ce magnifique palais a souvent servi de résidence d'été aux Souverains Pontifes. C'est ici qu'avait lieu le conclave pour l'élection des papes, et l'élection était annoncée au peuple du haut du balcon qui donne sur la *place Monte-Cavallo*.

C'est dans ce palais que, le 6 juillet 1809, Napoléon Ier fit enlever Pie VII par le général Radet; le 24 mai 1815, Pie VII rentrait triomphalement à Rome et Napoléon ne tardait pas à prendre le chemin de Sainte-Hélène.

C'est dans ce palais que, le 16 novembre 1848, Pie IX, cerné par l'émeute révolutionnaire, vit Msr Palma frappé d'une balle à ses côtés; c'est de cette résidence que le 24 du même mois il dut prendre le chemin de l'exil, à la faveur d'un déguisement et avec l'aide des ambassadeurs de France et de Bavière. Le 3 juillet suivant, l'armée française entrant à Rome la délivra des bandes de Garibaldi et de Mazzini, et Pie IX acclamé par la population reprit triomphalement possession de sa capitale. (12 avril 1850.)

Depuis 1870, ce palais est occupé par le roi d'Italie ! ! !

PALAIS DE LA CONSULTA. — En quittant la *place del Quirinale* pour suivre la rue du même nom le long du palais apostolique, on voit à droite, sur la place même, le PALAIS DELLA CONSULTA, ainsi appelé du tribunal de ce nom qui y siégeait ; aujourd'hui c'est le MINISTÈRE DES AFFAIRES ÉTRANGÈRES.

Sur la droite après le palais de la Consulta, il y avait deux églises dédiées à Ste Marie-Madeleine et à Ste Claire ; elles ont été démolies par le gouvernement italien, ainsi que les couvents des religieuses de *l'Adoration perpétuelle* et des religieuses *Capucines*, et remplacées par des jardins à l'occasion de la visite de Guillaume II, en 1888.

S.-ANDRÉ DU QUIRINAL. — (Plan J. 5.) Au delà de ces jardins est l'église S.-ANDRÉ DU QUIRINAL ; c'est là qu'était avant 1870 le noviciat des Pères Jésuites.

Cette église, bâtie par la famille Pamphili, possède sous le second autel à gauche le corps de S. Stanislas de Kostka enfermé dans une urne précieuse de lapis-lazuli. Le maître-autel dedié à S. André apôtre est surmonté d'une peinture représentant le **martyre de ce saint.** Dans un couloir à côté de cet autel est la tombe d'Emmanuel IV, roi de Sardaigne, un des prédécesseurs de Victor-Emmanuel ; il mourut religieux en 1819 à S.-André du Quirinal. La première chapelle à droite en entrant est dédiée à S. François-Xavier ; elle est ornée de deux tableaux : l'un représente **le saint baptisant une reine idolâtre,** l'autre **la mort du saint.**

CHAMBRE DE S. STANISLAS DE KOSTKA.

— Après la deuxième chapelle à droite, est l'entrée de la Sacristie par laquelle on arrive, au premier étage, à la chambre où mourut S. Stanislas, précieux et vénéré sanctuaire que l'on craint de voir détruit par le gouvernement Italien. Avant d'y arriver, on traverse une pièce dans laquelle on voit les autographes et les portraits authentiques de plusieurs saints de la compagnie de Jésus. Dans la chambre, convertie en chapelle, l'autel renferme une belle copie de la **madone de Ste-Marie-Majeure.** A l'endroit même où mourut S. Stanislas est une admirable statue qui le représente mourant ; au-dessus est peinte une **apparition de la Ste Vierge,** accompagnée des S^{tes} **Agnès, Barbe et Cécile.** Dans une chambre contiguë, au dessus d'un autel est le portrait authentique du saint, et dans une dernière pièce on vénère plusieurs de ses reliques.

ÉGLISE S.-CHARLES ALLE QUATTRO FONTANE. — (Plan K. 5.) — Cette église, qui se

trouve un peu plus loin toujours sur la droite, fut construite par l'architecte Borromini. Le terrain occupé par cette église et par le couvent des Trinitaires espagnols a la même surface que le terrain occupé par l'un des pilastres de la coupole de S.-Pierre.

Arrivé au carrefour *delle quattro Fontane*, on tourne à droite *ria delle quattro Fontane*; on rencontre successivement l'église S.-Denis, le collège Canadien, l'église S.-Paul premier ermite, dont le gouvernement s'est emparé. On franchit le Viminal qui est peu élevé, puis on tourne à droite par la *ria Urbana*, et on se trouve bientôt en face l'église Ste-Pudentienne.

ÉGLISE DE Ste-PUDENTIENNE. — (Plan I, 6.)

— (*N. B.* Elle est presque toujours fermée; le gardien reste au 81. de la *ria delle quattro Fontane.*) Cette église, peut-être la plus ancienne de Rome, renferme de doux et précieux souvenirs pour le chrétien. Le chanoine Bleser les résume ainsi: « S. Pierre arriva à Rome l'an 42; « bientôt il convertit le sénateur Pudens et « toute sa famille; la maison de ces fervents « néophytes devint la demeure de l'apôtre qui « y séjourna pendant sept années entières. « Ce que le cénacle fut à Jérusalem, cette « sainte maison le devint à Rome: Le vicaire « de Jésus-Christ y célébra les augustes mys- « tères, y donna l'onction sainte à S. Lin et à « S. Clet; c'est là aussi qu'il confia leur mis- « sion aux nombreux apôtres de l'Occident. S. « Paul lui-même fréquenta l'habitation de

« Pudens. Cependant la persécution s'était
« déclarée; avant qu'elles en fussent les glo-
« rieuses victimes, savez-vous quelles furent
« les occupations des jeunes Vierges Praxède
« et Pudentienne, filles du sénateur Pudens?
« Recueillir les corps des martyrs, prendre
« leur sang avec des éponges, et descendre
« furtivement dans des puits les restes sacrés
« de leurs frères, tel fut le périlleux objet de
« leur infatigable charité. »

Le pape Pie Ier, au IIe siècle, changea la maison de Pudens en une église célèbre qui fut
restaurée au VIIIe et au XIIe siècle, puis en partie
rebâtie à la fin du XVIe.

La mosaïque de l'abside est très ancienne et
une des plus remarquables qui existent. Au
centre, sur un trône, est le Christ qui bénit. A
la droite du Christ, S. Paul et Ste Pudentienne ;
à la gauche, S. Pierre et Ste Praxède; par derrière, une croix et les symboles des évangélistes; à droite et à gauche, divers personnages.

Sous le maître-autel sont les corps de Ste Pudentienne et de S. Novat son frère; au dernier
autel de droite est le corps de S. Pudens. A
l'extrémité de la nef de gauche est une chapelle
étroite et très profonde dont l'autel est dédié à
S. Pierre: on y conserve la **table de bois** sur
laquelle S. Pierre offrait le saint sacrifice; le
groupe en marbre représente le **Sauveur
remettant les clefs à S. Pierre.** Dans la même
nef, près de la deuxième colonne, est le puits
dans lequel Ste Praxède et Ste Prudentienne ont
recueilli les corps d'un grand nombre de
martyrs (trois mille suivant la tradition). La

chapelle en face a été bâtie sur l'ancienne église
de Pie I⁽ᵉʳ⁾; sur un des gradins du marchepied
de l'autel, sous une grille de fer, on voit l'empreinte d'une hostie avec des traces de sang;
cette hostie serait tombée pendant la messe des
mains d'un prêtre qui doutait de la présence
réelle, et Dieu aurait permis que l'hostie laissât
miraculeusement son empreinte sur le marchepied.

En sortant, on a en face l'église et le monastère DEL SANTISSIMO BAMBINO GESU; on
tourne à gauche et on se retrouve bientôt en
vue de Sᵗᵉ-MARIE-MAJEURE: en gravissant
l'Esquilin, on passe devant l'obélisque que
Sixte V fit apporter en ce lieu du mausolée
d'Auguste; il est semblable à celui de la place
del Quirinale. Après avoir gravi l'escalier, on
entre dans la basilique par la porte qui est
sur la droite (la façade est du côté opposé).

BASILIQUE DE Sᵗᵉ-MARIE-MAJEURE. —

(Plan L. 6.) — Cette basilique est ainsi appelée
parce que c'est la plus grande des églises bâties
à Rome en l'honneur de la Sᵗᵉ-Vierge. Elle
est aussi appelée LIBÉRIENNE parce qu'elle
fut élevée par le pape S. Libère (322-366). On lui
donne également le nom de Sᵗᵉ-MARIE DES
NEIGES parce que le 5 août, sous le pontificat
de S. Libère, la neige tomba en abondance
dans ce lieu pour indiquer la place où l'église
devait être bâtie. Enfin on l'appelle Sᵗᵉ-MARIE
DE LA CRÈCHE parce qu'on y conserve la
Crèche de Notre Seigneur-Jésus-Christ, qui y

fut apportée de Jérusalem avec le corps de
S. Jérôme.

Chapelle Borghèse. — La première chapelle à droite, en entrant par la porte que
nous avons indiquée, est la chapelle Borghèse,
construite par Paul V, en 1611. C'est une des
plus riches de Rome en marbres précieux, en
peintures et en sculptures; chaque chose méri-
terait une mention spéciale.

Les deux autels latéraux sont dédiés, celui
de droite à S. Charles Borromée, celui de gauche
à S⁼ Françoise Romaine.

Les tombeaux qui suivent sont, à droite,
celui de Clément VIII Aldobrandini, à gauche,
celui de Paul V Borghèse, deux grands papes
qui eurent dans le monde une grande et salu-
taire influence, qui protégèrent et encoura-
gèrent les arts, comme l'Eglise catholique seule
a eu le secret de le faire à toute époque, et qui
consacrèrent leurs efforts au bien-être de leurs
sujets et à l'embellissement de Rome, comme
l'attestent les nombreux monuments sur lesquels figurent leurs noms. Les bas-reliefs de
leurs tombeaux rappellent les faits les plus
mémorables de leurs pontificats.

L'autel principal de cette chapelle est consacré à la très S⁼ Vierge; sur l'entablement de
l'autel, un bas-relief en bronze doré et argenté
représente S. Libère traçant sur la neige le
plan de la basilique. La Madone qu'on vénère
ici, et qui est au dessus de l'autel, a été peinte
par S. Luc, sur un panneau de bois de cèdre;
ses traits sont parfaitement en harmonie avec

les descriptions que les plus anciens auteurs
ecclésiastiques nous ont laissées de ceux de la
bienheureuse Vierge Marie.

C'est devant cette image que plusieurs papes
venaient prier pendant des nuits entières; c'est
devant elle que le pape Clément VIII venait
pieds nus dès l'aurore offrir le saint sacrifice;
c'est devant elle que Benoît XIV venait chaque
samedi assister au chant des Litanies. De nombreux miracles, authentiquement constatés,
ont montré combien la dévotion des fidèles
envers cette image de la Mère de Jésus est
agréable à Dieu.

La seconde chapelle en continuant à droite
est la chapelle Sforza, qui sert au chapitre pour
ses offices: c'est Michel-Ange qui en a donné
le plan: le tableau de l'autel représente l'**Assomption de la Ste Vierge**.

La chapelle suivante est consacrée à Ste Catherine: les peintures représentent le **martyre de
la Vierge**, ses **saintes fiançailles**, et sa **dispute
avec les philosophes d'Alexandrie**.

Si l'on passe dans l'autre nef, on trouve la
chapelle des Patrizi, que l'on croit appartenir à
la famille du patricien Jean qui fit bâtir la basilique sous S. Libère. Cette chapelle renferme
un autel dédié à Notre-Dame des Neiges: un
tableau représente l'apparition de la Ste Vierge
ordonnant au pâtricien Jean de bâtir une église
dans le lieu qu'il trouverait couvert de neige.

Puis viennent les chapelles du Baptistère et
du Crucifix, cette dernière ornée de colonnes
et de pilastres de porphyre.

Chapelle Sixtine. — La chapelle suivante est la chapelle Sixtine, construite par Sixte V et restaurée par Pie IX; elle est en face de la chapelle Borghèse. En entrant, on voit à droite l'autel consacré à Ste Lucie et renfermant des reliques des SS. Innocents, puis le tombeau de Sixte V; les bas- liefs qui ornent ce tombeau représentent les principaux faits de la vie de ce grand pontife; en face est le tombeau de S. Pie V, dont le corps est conservé dans une urne de vert antique; l'un des bas-reliefs rappelle la célèbre bataille de Lépante. L'autel voisin est consacré à S. Jérome et renferme son corps.

Au milieu est un autel et au-dessus un ciborium en forme d'édicule supporté par quatre anges de grandeur naturelle. Dans ce ciborium on conserve le saint Sacrement. Autrefois était gardée sous cet autel la Crèche sacrée de Notre-Seigneur, qui se trouve maintenant à la Confession. Il y reste cependant encore diverses reliques précieuses, entre autres des fragments de la paroi de la Grotte de la Nativité. Entre les deux bras de l'escalier par lequel on descend à la chapelle souterraine, sous l'autel, est une statue de S. Gaëtan portant l'Enfant Jésus. Ce saint ayant passé la nuit de Noël en prière devant la s^{te} Crèche, la Ste Vierge lui apparut et déposa le Divin Enfant entre ses bras.

Grande nef. — Passant dans la grande nef, le pèlerin arrêtera ses regards sur le plafond dessiné par Giuliano da San Gallo et doré primitivement avec le premier or qui ait été apporté d'Amérique, et admirera les mosaïques qui se trouvent au-dessus des colonnes et représentent les faits de l'Ancien Testament ayant rapport à la Maternité divine de Marie. Sixte III voulut rappeler par là aux siècles à venir la proclamation de ce dogme au Concile d'Ephèse. Ces mosaïques datent toutes du Vᵉ siècle. L'arc triomphal renferme un grand nombre de compositions, toutes en mosaïque, mais ces mosaïques sont inférieures à celles de Sᵗᵉ-Pudentienne. Tous les sujets se rapportent à l'enfance de Notre Seigneur, et partout l'Enfant Jésus apparaît comme Dieu, en sorte que tout l'ensemble est une glorification de la Maternité divine.

Autel papal. — L'autel papal se compose d'une urne de porphyre recouverte d'une table de marbre que soutiennent quatre anges en bronze doré: il est surmonté d'un baldaquin également en bronze doré supporté par quatre colonnes de porphyre. Dans l'urne de l'autel il y a quelques fragments des **planches de la Crèche de Notre Seigneur,** quelques fragments détachés du **rocher de la Sᵗᵉ Grotte,** un peu de **foin de la Crèche** et quelques morceaux des **langes du Sauveur.** Le corps de S. Mathias repose sous l'autel.

Confession. — La confession est l'œuvre de Pie IX, de sainte mémoire; sa statue, sculptée par Jacometti, en occupe le centre. Cette confession a été reconstruite pour y déposer les grandes reliques de la Nativité du Verbe fait

Chair, c'est à dire une partie des **langes du Divin Enfant**, une partie du foin sur lequel il reposa et les **six petites planches** qui formaient les parois de la Ste Crèche et dont les plus longues peuvent avoir 75 à 80 centimètres sur 12 à 15; elles sont minces et d'un bois noirci par le temps. On les conserve dans un magnifique reliquaire en argent et en cristal de roche, et elles ne sont exposées qu'une fois par an, le 24 décembre, aux regards des fidèles.

Abside. — Dans l'abside, la mosaïque de la voûte représente le **Couronnement de la Ste Vierge**; on voit aussi sur l'arc de l'abside l'**Annonciation**, la **Nativité du Sauveur**, la mort de la Ste Vierge, l'**Adoration des Mages** et la **Purification**.

Portique. — Sortant par la porte principale, on trouve à sa gauche, sous le portique, la statue en bronze de Philippe IV, roi d'Espagne. Dans la loggia qui surmonte le portique se trouve une mosaïque du XIIe siècle, conservée de l'ancien édifice et représentant l'histoire de la basilique.

PLACE Ste-MARIE-MAJEURE. — Une magnifique colonne cannelée d'ordre corinthien, provenant de la basilique de Constantin, a été élevée sur la place par Paul V; elle porte une statue en bronze de la Ste Vierge avec son Divin Fils.

MONASTÈRE ET ÉGLISE DE S. ANTOINE, ABBÉ.

— (Plan M, 6.) — Dans la rue à gauche, en sortant de la basilique, se trouve le magnifique monastère de S. Antoine; il a été transformé en hôpital militaire par le gouvernement italien qui s'en est emparé, et l'église elle-même a été profanée et sert aujourd'hui de salle d'hôpital.

COLONNE d'HENRI IV.

— Autrefois en face de cette église, sur la place, s'élevait une petite colonne de granit surmontée d'une croix: le pape Clément VIII l'avait fait ériger en 1595, en mémoire de l'abjuration du roi Henri IV et de sa réconciliation avec le Saint-Siège. Ce monument a été transporté près de la basilique du côté droit.

En prenant à droite de la grande colonne la *ria in Merulana*, et en tournant après quelques pas de nouveau sur la droite, on arrive à l'église de Ste-Praxède.

ÉGLISE DE SAINTE-PRAXÈDE.

—(Plan L, 6, 7.) — Cette église est très ancienne; elle est bâtie sur des thermes qui appartenaient à la famille de la sainte. Vers 160, Pie Ier fit élever un oratoire en ce lieu; Pascal Ier au IXme siècle remplaça cet oratoire par une église qui fut modernisée par S. Charles Borromée.

En entrant par la porte principale, on trouve en face le puits dans lequel Ste Praxède recueillait les corps et le sang des martyrs.

En s'avançant vers l'autel, on voit les mosaïques de l'arc triomphal (IXme siècle) qui représentent la famille des Pudens et un grand nombre de saints.

Celles de l'arc de l'abside (ixme siècle) représentent l'Agneau sur un trône, des Anges, les symboles des Évangélistes et vingt-quatre vieillards.

Dans celles de l'abside (ixme siècle) apparait Notre Seigneur ayant à sa droite S. Paul, Ste Praxède, le pape Pascal Ier et le phénix, symbole de l'immortalité; à sa gauche S. Pierre, Ste Pudentienne et S. Zénon; au dessus un agneau nimbé figure Notre Seigneur; douze brebis se dirigeant vers lui figurent les Apôtres.

Le maître-autel est isolé et surmonté d'un baldaquin soutenu par quatre colonnes de porphyre; les degrés de l'escalier qui y conduit sont en rouge antique, ce sont les plus gros blocs que l'on connaisse de ce marbre précieux. Sous cet autel repose le corps de Ste Praxède.

Colonne de la Flagellation. — La troisième chapelle à droite fut consacrée à S. Zénon et renferme son corps; mais ce qui la rend surtout vénérable, c'est la colonne à laquelle Notre Seigneur fut attaché pendant sa flagellation. Elle y fut déposée en 1223. Cette chapelle est ornée de très belles mosaïques.

A gauche en entrant, on voit dans la nef latérale, incrustée dans le mur, une table de marbre sur laquelle dormait Ste Praxède; la première chapelle est dédiée à la sainte; la deuxième à S. Charles Borromée; on y voit le fauteuil du saint et la table sur laquelle il servait à manger aux pauvres.

Au fond de cette nef, à gauche, est l'entrée de la sacristie dans laquelle on conserve le **Christ à la colonne**, de Jules Romain; on y vénère les reliques précieuses de S. Jean Gualbert, de S. Charles Borromée et de Ste Praxède.

En sortant de l'église, on suit la *ria di Santa Prassede* à droite jusqu'au premier carrefour, et en tournant par une des rues de droite on arrive à S.-Martin a'Monti.

S.-MARTIN A'MONTI. — (Plan L. 7.) — Cette église est dédiée à S. Martin, évèque de Tours.

Fondée à ce que l'on croit par S. Silvestre, sous Constantin, cette église est une des plus belles de Rome et une des plus intéressantes; elle appartient aux Carmes, dont le couvent est occupé par les troupes.

Elle est à trois nefs, séparées par vingt-quatre colonnes; Poussin a peint **l'histoire d'Élie** dans les nefs latérales; près de la première chapelle de gauche, deux fresques représentent les deux basiliques antiques de S.-Pierre et de S.-Jean de Latran. Dans la sacristie dont l'entrée est un peu plus loin, on conserve diverses reliques de S. Silvestre, de S. André Corsini et de S. Martin; sous le troisième autel repose le corps du B. Tomasi en parfait état de conservation, et au fond est la chapelle de Notre-Dame du Mont-Carmel.

L'autel majeur, sous lequel on conserve le corps de S. Martin, pape, est d'une grande

richesse; il est surmonté d'un très beau tabernacle et domine l'église.

Entre les deux escaliers par lesquels on
monte au chœur se trouve un autre escalier
qui conduit à la chapelle souterraine et à l'é-
glise de S.-Silvestre. C'est dans cette église que
l'on conserve le corps de S. Silvestre et ceux
d'un grand nombre de saints; c'est également
en ce lieu que S. Silvestre réunit un concile
pour confirmer solennellement les actes du
Concile de Nicée.

Non loin de cette église, au n° 10 de la *ria
delle sette Sale*, on trouve les ruines d'une partie
des Thermes de Titus. **le sette sale.** qui
étaient, à ce que l'on croit, un grand réservoir
d'eau.

En prenant devant l'église de S.-Martin la
ria di San Pietro ai vincoli, et en tournant à
gauche par la *ria Merulana*, on trouve sur sa
droite celle *di San Vito*; l'église neuve que
l'on voit à droite dans cette rue appartient
aux Pères Rédemptoristes elle est dédiée à
S. Alphonse de Liguori : on y vénère la
Madone du perpétuel Secours; en suivant la
même rue, on se trouve en face l'église de
S.-Vit; on passe à droite sous *l'arc de Gallien*
élevé vers l'an 262, et on arrive à la place
Vittorio Emanuele, que l'on traverse en se
dirigeant vers l'angle le plus éloigné où commence la *ria del Principe Eugenio*; on suit
cette rue jusqu'à la première à gauche *ria
Cairoli*, qui conduit à l'église Ste Bibiane.

ÉGLISE Ste-BIBIANE. — (Plan N. 7.) — Bâtie

au ive siècle sur l'emplacement de la maison
de la sainte, cette église fut reconstruite au
xviie siècle par Urbain VIII. La statue de
Ste Bibiane au maître-autel est un des meilleurs
ouvrages du Bernin; sous l'autel, une magnifique urne en albâtre oriental renferme le corps
de la sainte, celui de sa sœur Ste Démétrie, et
celui de leur mère Ste Dafrose; près de la porte,
on voit la colonne en rouge antique à laquelle
Ste Bibiane fut attachée pendant son martyre.

Tournant à droite en sortant de l'église, on
traverse la ligne du chemin de fer et on arrive
à la *porte S.-Laurent*, d'où l'on se rend directement à la basilique de ce nom.

BASILIQUE DE S.-LAURENT-HORS-LES-MURS. — (Plan Q. 5.) — La colonne que l'on

voit sur la place est due à la munificence de
Sa Sainteté Pie IX, ainsi que les fresques de la
façade qui représentent les divers constructeurs
de la basilique.

Les peintures qui ornent le portique offrent
au pèlerin plusieurs faits de la vie de S. Laurent
et divers prodiges accomplis sur son tombeau.

En entrant dans la basilique, on trouve à
droite un grand sarcophage représentant une
cérémonie nuptiale: il sert de tombeau au
cardinal Fieschi, neveu d'Innocent IV.

La basilique actuelle est composée de deux
basiliques: l'une plus ancienne, bâtie par Constantin sur le tombeau de S. Laurent, et dont le
pavé est moins élevé; l'autre, qui ne remonte

pas au delà du vᵉ siècle, est plus élevée et se présente la première au pèlerin qui entre par la porte principale. — Ces deux basiliques ont été réunies en une seule par le pape Honorius III.

A droite du maître-autel, on descend à l'endroit où reposent les corps de S. Laurent et de S. Etienne premier martyr. Dans cette partie de la basilique, près de la muraille du fond, est le tombeau qui renferme la dépouille vénérable du grand Pontife Pie IX.

Dans la paroi de gauche, en regardant le tombeau, est une porte par laquelle on pénètre dans les catacombes de S. Cyriaque, où fut d'abord déposé le corps de S. Laurent.

Revenant dans la basilique supérieure, on trouve dans la même paroi de gauche, en regardant le fond, une seconde porte par laquelle on descend dans une chapelle et aux catacombes.

On remarquera dans la nef les ambons pour la lecture de l'Epître et de l'Evangile; en montant dans le chœur, l'autel majeur avec un ciborium supporté par quatre colonnes de porphyre; dans le fond une chaire épiscopale et autour du chœur des bancs ornés de mosaïques.

En se plaçant près de la chaire épiscopale et en regardant vers la porte d'entrée, on a devant soi, en haut, une belle mosaïque du viᵉ siècle: Jésus-Christ, assis sur un globe, bénit d'une main; les personnages sont Pélage II, S. Laurent, S. Pierre, S. Paul, S. Etienne et S. Hippolyte.

Le grand arc qui fait face à la porte d'entrée a été orné de fresques magnifiques, par Fracassini, sous le pontificat de Pie IX. Les murailles sont également ornées de peintures représentant la vie et les miracles de S. Etienne et de S. Laurent.

CIMETIÈRE DE S.-LAURENT. — Près de la basilique de S.-Laurent est le cimetière de Rome qui fut considérablement agrandi par Pie IX. Ce cimetière est magnifique et les fidèles viennent en grand nombre y prier pour les trépassés (surtout le mercredi matin). Dans la partie la plus élevée du cimetière, il y a un beau monument élevé en mémoire des soldats tués à Mentana pour la défense du Saint-Siège.

On rentre en ville par la même porte, et on prend à droite la *via di porta S.-Lorenzo* qui conduit à l'église du Sacré-Cœur (1).

ÉGLISE DU SACRÉ-CŒUR. — (Plan M, 5.) — C'est une église de construction récente, ayant une façade enrichie de beaux marbres et un intérieur grandiose; elle appartient aux Salésiens.

En sortant de l'église, on suit les constructions de la station du chemin de fer, et on se dirige vers la masse des ruines qui se trouvent

---

(1) Ce trajet, qui est assez long est suivi par une ligne de tramways qui va de *S.-Laurent* à la *place des Thermes*; l'église est un peu avant cette place. (Prix. 30 cent.)

en face de manière à les laisser sur sa droite. Arrivé en face la *via Nazionale*, on trouve en face cette rue S^a-Maria degli Angeli.

ÉGLISE Ste-MARIE DES ANGES. —

(Plan L. 4. 5.) — Cette magnifique église est une des salles principales des Thermes que l'empereur Dioclétien avait fait construire par les chrétiens. Ce fut Michel-Ange qui transforma cette salle et ses annexes en l'église que nous admirons.

Dans le vestibule il y a quatre tombeaux. A droite en entrant, on voit la chapelle de S.-Bruno; la statue du saint paraît si vivante *qu'elle parlerait, dit-on, si la règle ne s'y opposait.*

Parmi les peintures qui ornent la grande salle, plusieurs sont des originaux qui ont été remplacés à S.-Pierre par des mosaïques et transportés ici. Dans le bras droit : le **crucifiement de S. Pierre, la chute de Simon le Magicien,** en face. **S. Pierre ressuscite Tabitha,** et à côté, **S. Jérome, S. François et divers saints.** L'autel est dédié au B. Albergati.

En continuant vers l'autel majeur, et après avoir monté quelques degrés, on voit la **Présentation de la Ste Vierge,** puis le **martyre de S. Sébastien,** fresque transportée de S.-Pierre.

Au maître-autel, image miraculeuse de la **Ste Vierge.** Cet autel, œuvre de Michel-Ange, est l'un des plus remarquables de Rome par la beauté de ses marbres.

En revenant sur ses pas, on trouve le **Bap-**

tême de **Notre Seigneur**, la mort d'Ananie et de Saphire.

Dans le bras à gauche, l'Immaculée Conception, S. Pierre qui ressuscite Tabitha; en face, la **chûte de Simon**, et l'empereur **Valens** assistant à la messe de S. Basile. L'autel dans le fond est dédié à S. Bruno. En se dirigeant vers la porte, **Notre Seigneur donnant les clefs à S. Pierre.**

Par ordre de Clément XI, on a tracé une ligne méridienne sur le pavé de cette église (1703) et on a apporté à ce travail le plus grand soin.

La sacristie, dont l'entrée est dans le chœur du côté de l'évangile, renferme une chapelle avec de nombreuses reliques.

Derrière l'église est un cloître magnifique, occupé avant 1870 par les Chartreux; aujourd'hui profanée, la Chartreuse est devenue un dépôt militaire.

Sorti de l'église, on tourne à droite et on passe devant l'établissement des sourds-muets qui est une annexe de l'hospice de Ste-Marie des Anges; cet hospice, fondé par les papes, reçoit environ cinq cents jeunes filles et quatre cent cinquante jeunes gens, auxquels on donne un excellent enseignement professionnel.

FONTAINE DE L'ACQUA FELICE. — (Plan K. i².) — On se trouve bientôt en face de l'Acqua Felice que l'on doit à Sixte V; la statue du milieu représente **Moïse**, le haut-relief de droite **Gédéon**, celui de gauche **Aaron**.

En tournant le dos à la fontaine, on voit devant soi l'église S.-BERNARD, et à sa droite, deux autres églises, Ste-SUZANNE en face de S.-Bernard, et Ste-MARIE DE LA VICTOIRE, plus près de l'Acqua Felice.

La grande rue que l'on traverse est la *via del venti Settembre* autrefois *Via Pia*); c'est par cette rue que les Piémontais, après être entrés par la brèche de *Porta Pia*, ont pénétré dans Rome le 20 septembre 1870.

ÉGLISE Ste-SUZANNE. — (Plan K. 4.) —

L'église de Ste-Suzanne fut bâtie sur l'emplacement de la maison de S. Gabinus père de la sainte, et de S. Gaius son oncle. Dans la confession reposent les corps de Ste Suzanne, de S. Gabinus et de Ste Félicité, martyrs. L'intérieur de cette église est d'une grande richesse.

ÉGLISE Ste-MARIE DE LA VICTOIRE. —

(Plan K. 4.) — L'église de Ste-Marie de la Victoire peut être considérée comme un monument commémoratif de la guerre de trente ans, à laquelle mirent fin les victoires que Maximilien de Bavière remporta sur les ennemis du catholicisme.

Une peinture représentant la **Nativité du Sauveur**, maltraitée par les hérétiques, et que le Père Dominique de Jésus avait recueillie et portée sur les champs de bataille en tête de l'armée de Maximilien, fut déposée dans cette église. L'empereur donna une couronne d'or à cette sainte Image, et orna la voûte de vingt-cinq drapeaux pris sur l'ennemi; depuis cette époque, d'autres étendards ont été joints aux premiers.

Cette église est remarquable par la richesse de ses marbres; elle possède un *Jubé* qui est de toute beauté.

Dans la deuxième chapelle à droite, un tableau du Dominiquin représente la S**te Vierge qui remet l'Enfant Jésus entre les bras de S. François**; les fresques latérales sont du même auteur; dans la quatrième chapelle, dédiée à S. Joseph, la statue du saint est du Guide.

La première chapelle, à gauche, est celle de S**te** Thérèse dont la statue est du Bernin. La deuxième renferme un tableau de la S**te Trinité**, par le Guerchin, et un très beau crucifix.

Le couvent des Carmes qui est à côté a été enlevé aux religieux.

En sortant, on descend par la *via di Santa-Susanna*, puis on incline à gauche par celle de *S.-Nicolas di Tolentino*, qui conduit à la *piazza Barberini*; sur la droite on monte à l'église des Capucins.

ÉGLISE DES CAPUCINS. — (Plan J. 4.) — L'église *Ste-Marie de la Conception ou des Capucins* fut bâtie par le cardinal Antoine Barberini, frère d'Urbain VIII, et appartenant à l'ordre des Capucins.

A gauche en entrant, dans la première chapelle, on voit une admirable peinture représentant la **conversion de S. Paul**; dans la deuxième, **S. Félix de Cantalice reçoit l'En-**

fant Jésus dans ses bras; dans la troisième, le Christ mort ; dans la cinquième, S. Bonaventure et la Ste Vierge. En s'avançant vers le chœur, ou aperçoit une modeste pierre qui recouvre les restes du cardinal Barberini, et le tombeau d'Alexandre Sobieski. En revenant par le côté de l'épître, dans la première chapelle, on a peint S. Antoine qui ressuscite un mort ; dans la deuxième, Jésus au Jardin des Olives ; sous l'autel de cette chapelle, on conserve le corps du B. Crispin de Viterbe, capucin ; dans la troisième chapelle, S. François ravi en extase, très belle peinture du Dominiquin ; dans la quatrième, transfiguration de Notre-Seigneur, et sous l'autel, le corps de S. Félix de Cantalice; dans la cinquième, S. Michel, chef-d'œuvre du Guide.

Cellules de S. Félix et de S. Crispin. — Dans le couvent, on conserve les cellules habitées par S. Félix de Cantalice et par S. Crispin de Viterbe.

Cimetière des Capucins. — Près du chœur de l'église (côté de l'épître), on descend au cimetière des Capucins qui est très curieux.

Revenant sur la *place Barberini*, on se trouve eu face du palais de ce nom et près de la *fontaine del Tritone* élevée par Urbain VIII. Au coin de la place à droite, on prend les *ria Felice* et *Sistina* qui conduisent à la place de la *Trinité-des-Monts*, ornée d'un obélisque par Pie VI, en 1788.

ÉGLISE DE LA TRINITÉ-DES-MONTS. —

(Pl. 1, 4.) — L'église de la Trinité-des-Monts a été bâtie par Charles VIII, roi de France, sur la demande de S. François de Paule. Elle appartient aujourd'hui aux Dames du Sacré-Cœur qui ont un pensionnat dans le couvent voisin, occupé jadis par les Minimes.

La deuxième chapelle, à droite, a un portrait de S. François de Paule, et un tableau représentant S. Pierre recevant les clefs; la troisième chapelle, une Assomption de Daniel de Volterra, qui dessina aussi les fresques; dans la sixième chapelle, fresque attribuée au Pérugin, et à la suite, une autre fresque représentant la procession qui mit fin à la peste sous Grégoire-le-Grand.

La partie de l'église qui suit est réservée aux religieuses.

— En revenant par le côté gauche, on trouve à la première chapelle, le Sacré-Cœur, l'enfant prodigue, les vierges sages; à la deuxième, Marie-Madeleine, attribuée à Jules Romain; à la cinquième, descente de Croix, chef-d'œuvre de Daniel de Volterra.

Sanctuaire de Mater admirabilis. — Dans un corridor du monastère des Dames du Sacré-Cœur, dont l'entrée est après celle de l'église, on vénère une image de la Madone, nommée Mater admirabilis, représentant la Ste Vierge dans le Temple à l'âge de treize ans : c'est une fresque exécutée en 1844 en forme d'essai, et dans le seul but de satisfaire la piété des religieuses en leur offrant le Modèle par excellence.

En 1849, Pie IX enrichit le petit sanctuaire de nombreuses indulgences, et aujourd'hui il est devenu très fréquenté.

ACADÉMIE DE FRANCE. — (Plan I. 3.) — En se dirigeant vers la droite en sortant du Monastère, on passe devant la *villa Médicis* ou Académie de France, palais occupé par les jeunes gens que la France envoie à Rome pour étudier les beaux-arts, et on arrive à la promenade publique du Pincio, ainsi nommée de la colline qu'elle occupe.

PROMENADE DU PINCIO. — (Plan H. I. 2. 3.) — Cette promenade a été commencée sous le gouvernement français au commencement de ce siècle, continuée par Pie VII qui l'a ornée d'un obélisque, et terminée par ses successeurs. De quelque côté que l'on porte ses regards, la vue est des plus belles: c'est pourquoi le visiteur fera bien d'en faire le tour; on domine d'un côté la vallée du Tibre, la ville et la place du Peuple, de l'autre la villa Borghèse qui a son entrée près de la place du Peuple.

On descend de cette promenade à la *place du Peuple* par des rampes faciles et ornées de statues.

PLACE DU PEUPLE. — (Plan H. 2. 3.) — Cette place est une des plus belles de Rome et la plus régulière; c'est par là qu'avant l'établissement du chemin de fer on faisait son entrée à Rome. L'obélisque qui est au milieu est un des plus grands qui ornent la Ville Éternelle. Ce fut Auguste qui le fit amener d'Égypte, et Sixte V qui le fit placer où nous l'admirons. Le voyageur qui arrive par la porte du Peuple voit sur sa droite une grande fontaine avec **Neptune**, et à sa gauche une autre fontaine avec la statue de **Rome, le Tibre et l'Anio**. En face débouchent trois rues : *Ripetta* à droite, *il Babuino*, à gauche, et le *Corso* au milieu.

ÉGLISE Ste-MARIE DU PEUPLE. — (Plan H. 2.) — Tout près de la porte à gauche en entrant se trouve Ste-Marie-du-Peuple, église bâtie sur l'emplacement où fut enterré Néron. Son nom lui vient de ce qu'en 1227 elle fut reconstruite à l'aide d'aumônes offertes en abondance par le peuple romain.

Ste-Marie du Peuple est très riche en œuvres d'art. A droite en entrant, première chapelle, la **Nativité** ; deuxième chapelle, marbres précieux, l'**Immaculée Conception** ; troisième chapelle, la **Ste Vierge présentant l'Enfant Jésus à S. Augustin et à S. François** ; autres peintures.

Le maître autel est orné de très belles colonnes, et surtout d'une **image miraculeuse de la Ste Vierge**, attribuée à S. Luc, et que le pape Grégoire IX fit transporter ici à l'occasion de la peste qui ravageait Rome.

Les fresques du chœur sont du Pinturicchio. Au milieu, **Notre Seigneur couronne sa Mère**, autour sont les quatre évangélistes et quatre sybilles, et aux angles quatre Pères de l'Église ; les vitraux datent de Jules II.

La première chapelle, en quittant le chœur, a une belle **Assomption**, et des fresques représentant le **crucifiement de S. Pierre**, et la **conversion de S. Paul**; la sixième chapelle, appartenant à la famille Chigi, est l'œuvre de Raphaël; les mosaïques ont été faites d'après les dessins de ce grand artiste; le tableau de l'autel représente la **Nativité de la S**[te] **Vierge**, et les mosaïques **Dieu le Père donnant le mouvement aux astres.**

Le **couvent** qui est contigu à Ste-Marie du peuple est occupé par les Augustins; Luther, qui appartenait à cet ordre, logea dans cette maison à son dernier voyage à Rome et célébra la sainte messe pour la dernière fois dans cette église.

Sorti de l'église, on se dirige vers la rue *del Babuino*; l'église qui la sépare du *Corso* est Ste-**Marie in Monte Santo** et celle qui se trouve entre le *Corso* et *Ripetta* est Ste-**Marie des Miracles.**

ÉGLISE S.-ATHANASE. — (Plan H. 3.) — En suivant la rue *del Babuino*, on trouve sur sa droite l'église S.-Athanase et le collège grec, et on arrive à la *piazza di Spagna* (place d'Espagne).

PLACE D'ESPAGNE. — (Plan I. 4.) — Elle tire son nom du palais que cette nation possède en cet endroit et où réside son ambassadeur. Au milieu est une fontaine, par le

Bernin, appelée **la Barcaccia**; le grand escalier, qui est près de cette fontaine, conduit à la **Trinité des Monts**; la colonne, qui est un peu plus loin, a été élevée par Pie IX comme souvenir de la **définition du dogme de l'Immaculée Conception.**

COLLÈGE DE LA PROPAGANDE. — (Plan I. 4.) Le Collège de la Propagande, qui est au fond de la place, a été construit par Urbain VIII. Cet édifice est destiné à recevoir des jeunes gens des pays de mission se destinant à l'apostolat dans leurs pays: il contient en outre l'administration des missions du monde entier, un musée très riche en curiosités orientales, une bibliothèque d'environ trente mille volumes, et une imprimerie la plus riche du monde par la variété de ses caractères.

ÉGLISE S.-ANDRÉ DELLE FRATTE. — (Plan I. 4.) — En prenant à droite la *ria di Propaganda* qui longe le collège de ce nom, on trouve bientôt sur la gauche l'église S.-Andrea delle Fratte: c'est à la troisième chapelle, à gauche en entrant, qu'eut lieu la conversion de M. Ratisbonne. L'autel de droite du transept est très riche.

En sortant de cette église on continue la *ria di Propaganda*, à l'extrémité de laquelle on tourne à droite par celle *del Pozzetto,* puis on prend la première à gauche qui conduit tout droit à la fontaine de Trévi, et chacun reprend en sens inverse le chemin du matin.

Les pèlerins logés à S.-Pierre et à S.-Louis des Français, au lieu de retourner jusqu'à la Fontaine de Trévi. pourraient, en quittant l'église S.-André, prendre en face la *ria di Mercede* (qui passe devant la Poste). la suivre jusqu'au *Corso,* tourner à gauche par le *Corso* jusqu'à la place *Colonne,* traverser la place *Colonne* en diagonale, suivre la *ria Colonna,* traverser la petite place *Capranica,* et reprendre en sens inverse le chemin du matin.

SECONDE JOURNÉE

Le Capitole. — Le Colisée. — S.-Jean-de-Latran. — Ste-Croix-de-Jérusalem. — S.-Clément. — S.-Pierre-aux-liens.

Pour se rendre à la place d'Ara-Cœli :

(au pied du Capitole)

Les personnes logées dans le voisinage du Va-
tican suivront, en quittant la place S.-Pierre,
la *via Borgo nuoro, le pont sant'Angelo* ; elles
prendront la *via del Banco,* la *via de' Banchi*
Nuovi, tourneront à droite à la *piazza dell' Oro-*
logio, suivront le *Corso Vittorio Emanuele,*
traverseront la *place du Gesù,* en laissant l'église
à gauche, et la *via d'Ara Cœli* les conduira à
la place de ce nom. (Une ligne d'omnibus va de
S.-Pierre à la place de Venise, en passant sur
la place du Gesù.)

Les personnes logées dans le voisinage de S.-Louis-des-Français prendront à droite la *ria della Scrofa*, qui passe devant l'église, traverseront la *piazza Sant'Eustachio* en inclinant à droite, prendront la *ria Santa-Chiara*, puis à droite la *ria de' Cestari*, et à gauche le *Corso Vittorio Emmanuele*, traverseront la *place du Gesù* en laissant l'église à gauche, et la *ria d'Ara Cœli* les conduira *au pied du Capitole (Campidoglio.)*

Les personnes logées dans le quartier de S.-Jean-de-Latran commenceront la visite par S.-Jean de Latran, Ste-Croix de Jérusalem, S.-Clément, S.-Pierre-aux-Liens, etc., en suivant l'ordre de la journée. — Arrivées à la place *d'Ara Cœli*, elles reprendront le commencement de la journée et se rendront à leur logement en visitant le Capitole, le Forum, le Colisée, le Cœlius, etc.

Les personnes logées à piazza di Spagna prendront une des rues qui se trouvent à droite quand, étant sur la place, on regarde la Propagande; arrivées au *Corso*, elles tourneront à gauche, suivront le *Corso* et la *ria Ripresa de' Barberi*, jusqu'à la *ria di San Marco*, qui les conduira à la *ria d'Ara Cœli*; arrivées dans cette rue, elles auront à gauche la place de ce nom.

Les personnes logées près du Forum de Trajan prendront, à l'angle gauche du Forum quand on regarde les façades des deux églises, la *ria del Foro Trajano*, à laquelle fait suite la *cia di San Marro* qui débouche dans la *ria d'Ara Cœli*; en prenant sur la gauche on arrive de suite à la place du même nom.

LE CAPITOLE. *(Campidoglio).* — (Plan I. 7.) — Quand on est sur la place d'Ara Cœli, on a devant soi, à gauche, un grand escalier en marbre blanc, de 124 marches, qui conduit à l'église de Ste-Marie in Ara Cœli dont on voit en haut la grande façade nue, à droite une rampe plus douce, et au milieu un autre grand escalier en asphalte.

On prendra cet escalier du milieu qui conduit à la place du Capitole. Cette place a été dessinée par Michel-Ange. Au milieu est la magnifique statue de Marc-Aurèle, la seule statue équestre que l'antiquité nous ait léguée. Les autres statues qui ornent la place, à droite et à gauche de l'escalier sont toutes anciennes.

Au fond de la place est le PALAIS SÉNATORIAL; c'était, sous le gouvernement pontifical, la résidence du sénateur de Rome, et de plus on y avait installé les bureaux de la municipalité. La grande salle sert aujourd'hui pour les séances du conseil municipal.

A droite est le palais dit des CONSERVATEURS, ainsi nommé parce que les conservateurs de Rome y tenaient leurs séances. Il renferme de très belles collections de toutes sortes.

A gauche est le MUSÉE DU CAPITOLE, collection de sculptures, moins importante que celle

3

du Vatican, mais renfermant un grand nombre de chefs-d'œuvre.

Les palais du Capitole ont cessé d'appartenir aux papes, dont ils sont l'œuvre, et les belles collections qu'ils renferment sont devenues la propriété de l'État et de la ville.

Derrière le palais des Conservateurs (*via Monte Caprino*, 130), on montre un endroit qui passe pour être la ROCHE TARPÉIENNE.

Ste-MARIE IN ARA CŒLI. — (Plan I. 7.) —

Par l'escalier qui est à l'angle de la place, derrière le Musée, on arrive à l'église *Santa-Maria in Ara Cœli*; pour cela il faut s'arrêter au premier repos, et tourner à gauche. (La porte principale au haut du grand escalier est ordinairement fermée.)

Cette église est très ancienne et s'élève sur l'emplacement du temple de Jupiter Capitolin. Les vingt-deux colonnes qui séparent les nefs viennent toutes d'anciens monuments.

Au maître-autel, on vénère une **Madone** attribuée à S. Luc, que l'on porta dans une procession célèbre : C'était en 1348; la peste, venue d'Asie, avait envahi toute l'Europe et faisait de tels ravages que des villes perdirent le quart, le tiers et même la moitié de leurs habitants. Cette procession mit fin au fléau dans Rome, et les Romains, par reconnaissance, firent bâtir le grand escalier qui conduit à l'entrée principale de l'église (1).

(1) Déjà en 590, pendant une peste semblable, S. Grégoire-le-Grand avait ordonné une procession so-

Dans le transept, il y a deux ambons très remarquables. En se dirigeant à gauche vers le fond du transept, on arrive à la sacristie où est conservée la statue miraculeuse del Santissimo Bambino, le trésor le plus précieux de l'église. C'est une statuette de 60 centimètres de haut, taillée dans un arbre du Jardin des Oliviers, au XVIe siècle. Cette petite statue de l'Enfant Jésus est recouverte de soie blanche et de pierres précieuses. A Noël, on l'expose dans une crèche à la vénération des fidèles, et chaque jour jusqu'à l'Épiphanie (temps que dure l'exposition del Santissimo Bambino), des enfants viennent célébrer par des discours appropriés la naissance du divin Enfant. Le jour de l'Épiphanie, on donne la bénédiction au peuple du haut de l'escalier, avec le Santissimo Bambino. La confiance en cette statue est telle que les personnes malades se la font apporter à leur lit de douleur; une voiture est destinée à cet usage et, quand la voiture passe

lennelle à Ste-Marie-Majeure; cette procession partait de six églises différentes (Ste-Marie in Ara Cœli était du nombre); pendant le trajet, quatre-vingts personnes qui faisaient partie du cortège succombèrent au mal, mais pendant le retour pas une seule ne périt, et toutes celles qui étaient atteintes guérirent promptement. Dieu, voulant manifester au peuple suppliant qu'il avait exaucé sa prière, permit que la procession de S.-Pierre, en passant près du mausolée d'Adrien, entendit des voix célestes chantant le *Regina Cœli* et vit un ange qui remettait son glaive dans le fourreau. C'est en souvenir de ce fait que le mausolée d'Adrien s'appelle le Château S.-Ange, et qu'il est dominé par la statue en bronze de l'archange S. Michel.

avec le Santissimo Bambino, le peuple romain ne manque pas de s'agenouiller.

En sortant de la sacristie, on a devant soi la petite chapelle circulaire de Ste-Hélène, qui a été bâtie à l'endroit même où l'on croit que la Ste Vierge apparut à l'empereur Auguste, tenant entre ses bras l'Enfant Jésus. C'est cet autel qui est appelé *Ara Cœli*, car en même temps qu'il contemplait la Vierge et l'Enfant, Auguste entendit une voix qui disait : *Hæc ara Filii Dei est* (c'est ici l'autel du Fils de Dieu.) L'autel est formé d'une urne de porphyre renfermant le corps de Ste Hélène.

Cette église renferme en outre vingt-six autels qu'il serait trop long de passer en revue ; nous citerons pourtant comme méritant une mention spéciale : le premier à droite de l'entrée principale, qui est consacré à S. Bernardin de Sienne ; le troisième à gauche, dédié à S. Antoine de Padoue, qui est l'objet d'une grande dévotion, et le deuxième du même côté, dit de la Transfiguration ; c'est dans cette dernière chapelle que se fait à Noël l'exposition del Santissimo Bambino.

Le COUVENT, qui est au haut de l'escalier par lequel nous sommes entrés à l'église, est magnifique, et il renferme de précieux souvenirs ; il a été habité par S. Bonaventure, S. Bernardin de Sienne, S. Jean de Capistran, S. Diègue ; la bibliothèque se composait de plus de 30,000 volumes. Les Piémontais se sont emparés de la plus grande partie de ce beau couvent (y compris la bibliothèque), et l'ont transformé en caserne.

PRISON MAMERTINE. — (Plan I, 72.) — Arrivé au pied de l'escalier, on tourne à gauche par la *via dell' arco di Settimio Serero* et, un peu avant la fin des degrés, on trouve l'entrée de la Prison Mamertine qui se compose de deux parties superposées, attribuées l'une et l'autre aux premiers rois de Rome (environ 600 ans avant Jésus-Christ.)

Rien de plus horrible que le cachot inférieur, dans lequel on ne pénétrait autrefois que par un trou circulaire très étroit percé dans la voûte. C'est dans ce cachot que furent mis à mort tous les criminels de lèse-majesté et les chefs des nations vaincues, entre autres Vercingétorix l'héroïque défenseur des Gaules.

Ce monument, le plus ancien de l'histoire romaine, nous rappelle aussi les premiers événements du christianisme, et c'est ce qui le rend cher à tout chrétien. C'est là que S. Pierre et S. Paul furent enfermés pendant huit ou neuf mois ; pendant qu'ils s'y trouvaient, ils convertirent leurs geôliers et les baptisèrent avec l'eau d'une source qui continue à couler après avoir jailli miraculeusement près de la colonne à laquelle les apôtres étaient enchaînés. Dans une des parois de la prison, on montre un endroit où la figure de S. Pierre aurait laissé son empreinte, alors que, maltraité par ses geôliers, il aurait été poussé violemment contre le rocher.

L'église qui est au-dessus de la Prison Mamertine est dédiée à S. Joseph ; elle appartient à la Confrérie des Menuisiers.

. C'est ici le moment de jeter un coup d'œil sur le FORUM ROMANUM, dont la partie découverte est divisée en deux par la rue moderne qui descend du côté opposé du Capitole.

Dans la partie que l'on a devant soi, on voit d'abord l'ARC DE SEPTIME-SÉVÈRE ; plus loin le TEMPLE DE SATURNE (huit colonnes non cannelées) ; plus à droite le TEMPLE DE VESPASIEN (trois colonnes) ; au fond le TEMPLE DES DOUZE DIEUX, et sous le palais sénatorial le TABULARIUM OU SALLE DES ARCHIVES DE L'ÉTAT.

Dans la partie qui est au delà de la rue moderne, le monument qui se présente le premier est la COLONNE PHOCAS : derrière on voit la BASILIQUE JULIA, à l'extrémité gauche de laquelle est le TEMPLE DE CASTOR ET POLLUX (trois colonnes) ; plus à gauche se présente le TEMPLE DE JULES CÉSAR.

ÉGLISE DE Ste-MARTINE. — (Plan J. 7'.) —

Le visiteur, après avoir dépassé l'Arc de Septime-Sévère, aperçoit devant lui à gauche l'église de Ste-Martine. Cette église, qui est très ancienne, fut reconstruite sous Urbain VIII ; elle appartient à l'Académie de peinture, dite de S.-Luc ; le tableau du maître-autel représente S. Luc occupé à peindre la Ste Vierge.

L'église souterraine mérite une visite ; on y pénètre par la sacristie : au bas de l'escalier, on tourne à droite et on trouve, aux angles de la croix qui précède le chœur, les statues et les reliques des SS^tes Euphémie, Théodora, Dorothée et Sabine. À la gauche du chœur, dans un enfoncement, est le tombeau où fut retrouvé le corps de Ste Martine, à l'endroit même où elle fut décapitée. L'autel est d'une grande richesse; une partie des ornements sont en pierres précieuses, et l'urne qui renferme le corps de la sainte est en albâtre oriental. Au fond de l'abside est le siège d'Urbain VIII.

ÉGLISE DE S.-ADRIEN. — (Plan J, 7.) — Sorti de l'église Ste Martine, on passe devant la *ria Bonella* et on est en face l'église de S.-Adrien. Au maître-autel, on vénère les restes de S. Adrien, de sa femme Ste Marthe et de leurs deux enfants.

ÉGLISE S.-LAURENT IN MIRANDA. — (Plan J, 8¹.) — Un peu plus loin du même côté est l'église de S.-Laurent in Miranda, établie au moyen-âge dans le TEMPLE D'ANTONIN ET DE FAUSTINE. Ce temple était précédé d'un portique supporté par des colonnes en marbre cipollin, de 14^m40; les ornements qui sont au dessus des colonnes sont très remarquables.

ÉGLISE DE S.-COME ET DE S.-DAMIEN. — (Plan J, 8².) — En continuant, toujours du même côté, on voit l'église des SS. Come et Damien, dont le vestibule de forme ronde est un ancien temple consacré à Romulus ou à Rémus. Une mosaïque ancienne décore l'arc triom-

phal, mais une partie a disparu dans la re-
construction de l'église.

La mosaïque de l'abside représente le Sauveur; à sa droite, S. Pierre qui lui amène
S. Come, et par derrière S. Félix qui construisit l'église; à gauche de Notre Seigneur est
S. Paul qui lui amène S Damien, et S. Théo-
dore.

Cette église était au nombre des six d'où
partit la procession ordonnée en 590 par le
pape S. Grégoire-le-Grand, et se rendant à Ste-
Marie-Majeure pour obtenir la cessation de la
peste. On sait par quels prodiges Dieu fit voir
en cette circonstance l'efficacité de la prière en
commun, dans les calamités publiques.

BASILIQUE DE CONSTANTIN. — (Plan. J, 8².)
— Bientôt après, on rencontre sur la gauche
de belles ruines : c'est la basilique de Constantin; elle avait trois nefs séparées par des
colonnes en marbre blanc cannelées; l'une de
ces colonnes est sur la place de Ste-Marie-
Majeure.

ÉGLISE DE Ste-FRANÇOISE-ROMAINE. —
(Plan J. 8³.) — Tout près de la basilique de
Constantin est l'église de Ste-Françoise-
Romaine, connue aussi sous le nom de
Ste-Marie nouvelle. A droite, première
chapelle, **Notre Seigneur sur la croix**;
deuxième chapelle, **la Ste Vierge près de la
Croix**; troisième chapelle, **miracle de
S. Benoit**; quatrième chapelle, **Ste Françoise
recevant l'enfant Jésus.**

Dans le chœur, on voit le morceau de rocher dans lequel les genoux de S. Pierre s'imprimèrent pendant qu'il priait, demandant à Dieu de confondre Simon le Magicien. C'est en effet sur cette partie du Forum que Simon le Magicien, en présence de Néron et d'une foule immense, essaya de réaliser la promesse qu'il avait faite de s'élever dans les airs sans aucun secours humain, espérant par là rendre inutile la prédication des Apôtres. Tout le monde connait la chute de l'imposteur.

La voûte de l'abside est ornée d'une mosaïque représentant la Ste Vierge, S. Jean et S. Jacques, S. Pierre et S. André.

En descendant de l'autre côté, la première chapelle est dédiée à S. Bernard; la deuxième à S. Grégoire; la troisième à S. Emygdius; dans la quatrième, on voit un beau tableau de la **Nativité**.

A l'entrée du chœur est le tombeau de Ste Françoise Romaine; il est orné de très beaux marbres et renferme son corps.

ARC DE TRIOMPHE DE TITUS. — (Plan J, 8^4.) — En face de l'église de Ste-Françoise Romaine, de l'autre côté du Forum, est l'arc de Titus, qui fut élevé pour rappeler la défaite des Juifs (soixante-dix ans après Jésus-Christ); il a de très beaux bas-reliefs.

PALATIN. — (Plan J, 8, 9.) — Un peu avant l'arc de Titus est une entrée pour visiter les ruines du Palatin. Le Palatin est l'emplacement qu'occupait la Rome primitive : les principaux des anciens romains y avaient leurs demeures;

les empereurs y bâtirent des habitations somp-
tueuses, et c'est de cette époque que datent
pour de telles habitations le nom de *palais*.

Il faudrait une journée entière pour visiter
le Palatin ; il n'y a que des ruines, mais elles
sont splendides, et elles attestent l'impuissance
des persécuteurs qui n'ont pu empêcher les
apôtres de faire triompher la vérité (1).

ÉGLISE DE S.-BONAVENTURE. — (Plan J, 9.)
— En prenant près de l'Arc de Titus la *via di
San Bonaventura*, on arrive, après avoir tourné
à gauche, à l'église dédiée à ce saint. Sous
l'autel repose le corps de S. Léonard de
Port-Maurice, et dans le couvent on conserve
divers objets qui furent à son usage.

A droite, en revenant, on peut entrer dans
la petite église bâtie à l'endroit où **S. Sébastien**
fut percé de flèches.

COLISÉE. — (Plan K. 8.) — Revenant à l'arc de
Titus, on continue vers le Colisée dont on voit
la masse imposante, et on aperçoit en passant,
derrière l'église de Ste-Françoise Romaine, les
ruines du **Temple de Vénus et Rome** qui était
très remarquable.

En arrivant au Colisée, on remarque à droite
la META SUDANS. ruine d'une grande fontaine
à laquelle les gladiateurs venaient se laver ; en
face était la statue colossale de Néron, dont on
voit encore la grande base carrée.

(1) Voir **Visites supplémentaires,** page 191 et suiv.

Le Colisée, ou amphithéâtre Flavien, fut construit après la destruction de Jérusalem par Vespasien et Titus qui y employèrent surtout les prisonniers juifs.

Le Colisée a deux cents mètres de long sur cent soixante-sept de large; deux entrées principales y donnent accès; à droite et à gauche de ces deux entrées, il y en a quatre-vingts autres plus petites avec des numéros d'ordre (1). Cet immense amphithéâtre pouvait contenir quatre-vingt-sept mille spectateurs.

Il fut maltraité par les barbares; mais ce qui le détériora davantage, c'est qu'au XIIᵉ siècle il servit de Forteresse; enfin en septembre 1349, un violent tremblement de terre fit écrouler la partie qui regarde le Cœlius, et mit le Colisée dans l'état où nous le voyons aujourd'hui. De nos jours, on a accusé les Souverains Pontifes des siècles postérieurs à 1349 de l'avoir démoli pour construire des palais. La chambre apostolique a tout simplement concédé la permission d'enlever et d'utiliser les masses énormes qui étaient écroulées, protégeant ainsi, en la dégageant, la partie qui restait debout; et comme l'attestent diverses inscriptions, les papes ont fait des travaux immenses pour conserver ce magnifique monument, témoin de l'héroïsme des martyrs.

« Que de souvenirs glorieux, dit Mᵍʳ Gaume,
« assiègent l'âme du chrétien qui pénètre dans
« le Colisée. Ici, dans cette arène, sont entrés

(1) C'est sous l'arcade qui porte le nᵒ 43, que S. Benoit Labre se retirait souvent.

« Eustache, capitaine de cavalerie sous Titus,
« général des armées sous Adrien ; avec lui sa
« femme et ses deux fils ; puis les illustres
« Vierges Martine, Tatiane et Prisca, toutes trois
« filles de consuls et de sénateurs ; le sénateur
« Julien ; Marin, fils d'un autre sénateur.....
« et une foule de héros dont le triomphe illustra
« ce Capitole des Martyrs. »

Benoit XIV érigea au Colisée les stations du
Chemin de la Croix ; quel lieu pouvait mieux
convenir pour ce saint exercice ! Et S. Léonard
de Port-Maurice fonda les confréries d'hommes
et de femmes qui, chaque vendredi, venaient
en procession méditer devant ces stations. Mais
depuis 1874, les stations et même la Croix du
milieu, que les fidèles en passant baisaient avec
respect, ont été enlevées, et ce lieu si saint
ressemble à un lieu profane.

ARC DE CONSTANTIN. — (Plan K. 8.) — En
quittant le Colisée, on vient reprendre la *ria
di San Gregorio* qui sépare le Palatin du Cœlius.

Cette rue passe sous l'arc de triomphe qui a
été érigé par le Sénat et le peuple romain à
Constantin vainqueur de Maxence. *libérateur
de la ville et auteur du repos*, dit l'inscription ;
titres bien glorieux pour ce prince qui avait
ramené la paix religieuse après les persécutions.

ÉGLISE DE S.-GRÉGOIRE-LE-GRAND. —
(Plan K, 9.) — On arrive bientôt à une place qui
est devant l'église S.-Grégoire-le-Grand. Une
église a été construite ici par le saint, sur l'em-

placement de la maison de son père, et Grégoire devenu Pape aimait à venir se recueillir en ce lieu. C'est en y venant qu'ayant vu sur le Forum des esclaves anglais, exposés pour la vente, il résolut d'envoyer des missionnaires dans la Grande-Bretagne.

L'église actuelle date du XVIIIe siècle; la première chapelle, à droite en entrant, est dédiée à Ste Silvie, mère de S. Grégoire; la deuxième à S. Pierre Damien; la troisième à S. Romuald; suit l'entrée de la sacristie, et plus loin la chambre de S. Grégoire, où l'on remarque, à droite, la pierre qui lui servait de lit; à gauche, son fauteuil; en face, un reliquaire renfermant de précieuses reliques; au fond de cette nef, chapelle de S.-Grégoire. De l'autre côté du maître-autel se trouve la chapelle de l'Immaculée Conception, et dans un enfoncement, une autre chapelle renfermant un très beau tabernacle, et une image de la Ste Vierge devant laquelle S. Grégoire venait souvent prier et qui plusieurs fois lui aurait parlé.

Sous le portique, à droite en sortant, on trouve une porte qui conduit à un enclos où il y a trois chapelles : celle de droite, quand on est en face, est dédiée à Ste SILVIE; les fresques de la voûte sont de Guido Reni. La chapelle du milieu est consacrée à S. ANDRÉ : S. André flagellé a été peint par le Dominiquin; S. André adorant la croix par Le Guide; ce sont deux chefs-d'œuvre. La chapelle à gauche est sous le vocable de Ste BARBE; sur la table de marbre qui est au milieu, S. Grégoire servait lui-même chaque jour douze pauvres; un jour, un ange vint s'asseoir treizième à la table; c'est en souvenir de ce fait que le jeudi saint, au mandatum, l'officiant lave les pieds à treize pauvres.

ÉGLISE DES SS. JEAN ET PAUL. — (Plan K, 9.) Sorti de l'église S.-Grégoire, on prendra à droite la *ria S.-Gioranni e Paolo*, et on trouvera sur la gauche l'église bâtie sur l'emplacement de la maison   ces deux martyrs. Ils furent décapités dans leur propre demeure sous le règne de Julien, et une balustrade entoure dans la grande nef l'endroit précis de leur martyre. Leurs corps reposent sous le maître-autel dans une urne de porphyre; celui de S. Paul de la Croix est conservé sous la table de l'autel de la troisième chapelle, à droite, qui lui est dédiée. Dans la chapelle qui est au fond de cette même nef est un escalier qui conduit à un souterrain récemment découvert; c'est la maison des deux frères martyrs. Dans la deuxième et la troisième chambres, on trouve des peintures du IVe siècle. En tournant à droite, on rencontre un escalier qui conduit à un promenoir où sont représentés divers actes de la vie des deux saints. Une peinture à droite représente le martyre de S. Crépin, de S. Crépinien et de S. Benoit. Une autre nous fait voir Jésus-Christ, S. Paul et S. Jean, et deux archanges.

Dans le couvent voisin, habité par les Passionnistes, ou conserve les chambres habitées jadis par S. Paul de la Croix, et dans ces chambres divers objets ayant servi au saint.

ARC DE DOLABELLA. — (Plan L, 9¹.) — En continuant de suivre la rue par laquelle on est arrivé, on passe sous l'*arc de Dolabella*; c'est dans une petite chambre, au-dessus de cet arc, que mourut S. Jean de Matha.

On voit, tout près de l'arc, l'église S. Tomaso in formis, et en inclinant à droite, on arrive à Santa Maria in Navicella qui renferme une mosaïque du ix° siècle (cette église est le plus souvent fermée).

S. ÉTIENNE-LE-ROND. — (Plan L, 10.) — En face est l'église *S.-Étienne-le-Rond*, qui est de forme circulaire (on y entre par une petite porte, la grande étant fermée); son diamètre est de 45ᵐ, et elle est soutenue par cinquante-six colonnes. Autrefois le mur extérieur n'existait pas, il y avait seulement un second péristyle. Sur les murs intérieurs, on a représenté les divers supplices que les chrétiens ont eu à souffrir pendant les persécutions. Une mosaïque orne la chapelle dédiée aux SS. Prime et Félicien, dont les corps reposent sous l'autel.

PLACE DE S.-JEAN DE LATRAN. — (Plan X, 9.) — Revenant sur la *via di S. Stefano*, qui fait suite à la *via S. Giovanni e Paolo*, on arrive bientôt sur la place de S.-Jean de Latran, décorée d'un obélisque. Cet obélisque, érigé par Sixte V, a 47ᵐ de haut y compris le soubassement de 15ᵐ, tandis que celui de la place de la Concorde à Paris n'a que 27ᵐ83 y compris le soubassement de 5ᵐ; c'est le plus grand que l'on connaisse.

Le grand établissement que l'on a sur sa droite en arrivant est l'hôpital de S.-Sauveur; c'est un hôpital de femmes, pouvant recevoir six cents malades. Au fond de la place à droite est le baptistère de Constantin, auquel fait suite la façade latérale de la basilique de S.-Jean de Latran; le troisième côté de cette place est occupé par le palais des Papes.

BAPTISTÈRE DE CONSTANTIN. — Construit par Constantin, sur le lieu où il fut baptisé, cet édifice a trois ordres de colonnes. Les peintures qui ornent l'intérieur rappellent la vie chrétienne de cet empereur, et celles qui décorent la lanterne reproduisent la vie de S. Jean-Baptiste. Les fonts sont formés d'une urne antique en basalte vert.

Les deux chapelles sont dédiées l'une à S. Jean Baptiste, l'autre à S. Jean l'Évangéliste; dans cette dernière on admire une mosaïque du ve siècle.

Une seconde porte donne accès dans l'oratoire des S^{tes} Rufine et Seconde, où l'on trouve une chapelle de S.-Venance, de forme carrée et ornée d'une belle mosaïque du viie siècle. Sous l'autel, à droite de la personne qui entre, reposent les corps de S. Venance, de S. Anastase et autres saints; l'autel à gauche renferme les corps de S. Cyprien et de Ste Justine.

BASILIQUE DE S.-JEAN DE LATRAN. — (Plan N, 9.) — En cet endroit, sous Néron, Plautus Lateranus possédait un palais que Néron confisqua et qui garda le nom de son ancien propriétaire. Constantin, par reconnaissance, donna ce palais au Pape; baptisé plus tard et guéri miraculeusement, il fit bàtir une basilique à côté de ce palais.

Cette église est la cathédrale de Rome; elle est la première des églises de la ville et du monde entier : *mater et caput ecclesiarum;* c'est pourquoi. dans les cérémonies, le clergé de S.-Jean de Latran a le pas sur le clergé de S.-Pierre.

En faisant le tour du palais, nous arrivons sur la place de *porta S. Giovanni,* d'où on a une vue magnifique sur la campagne romaine et les montagnes.

La façade de la basilique qui donne sur cette place est surmontée de quinze statues ; celle de Notre Seigneur occupe le milieu. Au dessus est la *loggia* de laquelle, jusqu'en 1870, les Papes donnaient la bénédiction le jour de l'Ascension. On pénètre dans l'intérieur par cinq portes; celle du milieu est en bronze, celle de droite est murée, c'est la porte du Jubilé.

L'intérieur est divisé en cinq nefs ; les pilastres de la grande nef sont ornés de statues colossales représentant les apôtres. Ces statues sont en marbre et ont coûté chacune 27.000 fr. Au dessus des statues sont des bas-reliefs qui nous offrent, d'un côté les figures de l'Ancien Testament relatives au Messie, de l'autre les faits de l'Évangile qui en sont l'accomplissement.

La première chapelle, à droite, est la chapelle Orsini; le tableau représente la S**te Vierge**

avec plusieurs saints ; la deuxième chapelle
est celle de la famille Torlonia ; un bas-relief
représente une **Descente de croix**; la troisième est la chapelle Massimi ; le tableau représente **Notre Seigneur attaché à la croix**.

A gauche en revenant vers la porte, on voit
d'abord, en face de la Confession, la chapelle
du Saint-Sacrement qui est très richement décorée. La dernière chapelle de cette nef est la
chapelle Corsini qui est la plus belle de la
basilique ; elle renferme entre autres tombeaux celui de Clément XII, dont les restes
sont déposés dans une urne de porphyre provenant du portique du Panthéon. Sur l'autel est
une belle mosaïque représentant S. André
Corsini. Les caveaux de la famille sous la chapelle méritent une visite ; ils renferment une
très belle **Pietà** en marbre de Carrare.

Le maître-autel de la basilique est surmonté
d'un baldaquin ogival supporté par quatre
colonnes de granit. Cet autel renferme une table
de bois sur laquelle S. Pierre disait la messe.
Dans la partie supérieure du baldaquin, il y a
un tabernacle dans lequel sont conservées de
nombreuses et précieuses reliques, entre autres
les chefs de S. Pierre et de S. Paul. Le tombeau
en bronze qui est à la Confession est celui de
Martin V.

L'abside, que Sa Sainteté Léon XIII fit reconstruire et agrandir, comme l'attestent les
peintures de gauche, est ornée d'une grande et
belle mosaïque du XIII° siècle, que l'on enleva
de l'ancienne abside pour la replacer sur la
nouvelle. Parmi les figures qui sont dans le

haut, on remarque l'effigie du Sauveur qui a échappé à tous les incendies dont la basilique a eu à souffrir. C'est à cause de cette effigie que la basilique de S.-Jean de Latran est aussi appelée du DIVIN SAUVEUR.

Derrière le chœur se trouve le portique Léonin, ainsi nommé de S. Léon Ier. Dans cette partie, l'autel du Crucifix, adossé à l'autel du chœur, offre au visiteur un magnifique Christ en bois sculpté; à droite et à gauche de cet autel sont les statues de S.-Pierre et de S.-Paul. En revenant vers l'intérieur de la basilique, de manière à laisser l'autel du Crucifix à sa gauche, on se trouve bientôt en face la porte de la sacristie qui est en bronze et remonte au XIIe siècle.

Tout près s'ouvre un petit sanctuaire dans lequel on conserve la Table de la Cène, sur laquelle Notre Seigneur institua la sainte Eucharistie. A S.-Jean de Latran, parmi les reliques authentiques, on conserve encore une partie du vêtement de pourpre dont Notre Seigneur fut habillé par dérision, la chaîne avec laquelle S. Jean fut lié et amené d'Ephèse à Rome, la coupe dans laquelle Domitien lui fit présenter du poison, un bras de Ste Hélène, etc. etc.

En tournant ensuite sur la droite, on trouve l'entrée du chœur d'hiver des chanoines. Les souverains de France ont le privilège de faire partie de ce corps ecclésiastique, et une stalle leur est réservée; cette prérogative date de Henri IV, et Louis-Philippe est le seul de nos souverains qui l'ait méprisée.

Après avoir descendu les marches du chœur
en allant vers l'entrée, on trouve un passage
qui conduit au magnifique CLOITRE DE S.-
JEAN DE LATRAN, dont on ne peut trop admirer les innombrables colonnettes ornées de
fines mosaïques. Dans ce cloître, on conserve
divers objets qui, s'ils n'ont pas une authen-
cité absolue, méritent cependant l'attention
respectueuse du chrétien. Parmi ces objets,
nous pouvons citer la plaque de marbre sur
laquelle les soldats ont joué les vêtements de
Notre Seigneur; une colonne fendue du temple
de Jérusalem, la margelle du puits de la Samaritaine, la taille de Notre Seigneur, etc.

Si on revient dans la basilique et qu'on la
traverse pour sortir par la porte latérale, on
voit à sa droite avant de sortir une belle statue
en bronze de Henri IV.

PALAIS DE S.-JEAN DE LATRAN. — On
pénètre dans le palais de S.-Jean de Latran par
la porte qui est en face l'obélisque, et on trouve
au rez-de-chaussée un musée profane distri-
bué en seize salles, et créé par Grégoire XVI,
pour recevoir les objets qu'on ne pouvait placer ni au Vatican, ni au Capitole.

Au premier étage est le musée chrétien;
l'escalier principal qui y conduit est au fond de
la cour à droite. Ce musée a été créé par Pie IX
qui en a confié l'ordonnance au Père Marchi,
jésuite, et à M. de Rossi.

En sortant par la porte par laquelle on est
entré, et en tournant à droite jusque sur la

place *di Porta S.-Giovanni*, on voit, sur la gauche, la construction qui renferme la Scala Santa et le Sancta Sanctorum.

LA SCALA SANTA. — (Plan X. 9.) — Cette construction est l'œuvre de Sixte V; en entrant, on se trouve en face de deux groupes en marbre (*le baiser de Judas* et un *Ecce Homo*, et de l'**Escalier saint** qui est au milieu.

Cet escalier a été transporté de Jérusalem à Rome par Ste Hélène, en 326; il fut installé dans le palais de Latran et ce fut Sixte V qui le fit mettre où nous le voyons. C'est l'escalier du palais de Pilate, que Notre Seigneur monta deux fois et descendit deux fois le jour de sa Passion; il est d'un marbre qui ne se trouve nulle part en Italie et qui est très employé en Syrie: il a vingt-huit degrés que l'on ne gravit qu'à genoux, et les Souverains Pontifes ont attaché de nombreuses indulgences à cette pieuse pratique. Les genoux des fidèles avaient tellement usé ces degrés que Clément XII les fit garnir de madriers en noyer, en ménageant des jours garnis de cristal pour laisser voir le marbre; ces madriers ont été renouvelés plusieurs fois.

A droite et à gauche sont quatre escaliers par lesquels on descend, après avoir gravi la Scala Santa.

LE SANCTA SANCTORUM. — Arrivé au haut de l'Escalier saint, on se trouve en face de l'oratoire du Divin Rédempteur appelé **Sancta Sanctorum**; sur l'autel, on vénère un portrait très ancien du Divin Rédempteur connu sous le nom de *Acherotypa* (qui n'a pas été fait par la main des hommes), car la légende nous dit qu'il a été commencé par S. Luc et terminé par les Anges. Cette sainte image fut transportée de Jérusalem à Constantinople au IVe siècle, puis à Rome sous le Pontificat de S. Grégoire-le-Grand.

Le nom de **Sancta Sanctorum** a été donné à cette chapelle parce que, sous l'autel, il y a de nombreuses reliques placées dans un reliquaire sur lequel on lit cette inscription : *Sancta Sanctorum.*

A droite est une autre chapelle dédiée à **S. Laurent**; elle rappelle le lieu où se trouvait la célèbre chapelle de l'ancien patriarcat du Latran.

TRICLINIUM DE S.-LÉON. — Tournant à gauche en sortant, on se trouve sur la place, et alors on a sur sa gauche un autre monument: c'est l'abside de la grande salle à manger (triclinium) de l'ancien palais papal de Latran, dans laquelle Léon III reçut Charlemagne quand il lui conféra le titre de *Défenseur de l'Église.* La mosaïque de cette abside perpétue le souvenir de la fondation du saint Empire romain.

En continuant vers les fortifications et en prenant à gauche une large avenue, on arrive à la place *de Ste-Croix de Jérusalem.* Sur la droite on aperçoit, en partie dans la muraille, **l'amphitheatrum castrense** qui servait aux jeux des soldats prétoriens.

BASILIQUE DE Ste-CROIX DE JÉRUSALEM.

— (Plan P. 9.) — L'église de Ste-Croix de Jérusalem a été ainsi nommée parce que Ste Hélène la fit bâtir pour y déposer la croix de Notre Seigneur ; elle est aussi appelée **basilique Sessorienne** parce qu'elle a été construite près du palais Sessorien où habitait Ste-Hélène.

Sans nous arrêter aux autels latéraux qui n'ont rien de remarquable, passons au maître-autel que surmonte un baldaquin supporté par quatre colonnes de marbre précieux. Le tombeau de l'autel est une belle urne de basalte qui renferme les corps de S. Césaire et de S. Anastase. La voûte de l'abside nous offre de belles fresques représentant l'**invention de la Ste Croix**, le **Miracle de la résurrection du mort, Héraclius rapportant la Croix au Calvaire**, au milieu **Ste Hélène élevant la Croix**, et **Notre Seigneur adoré par les Anges.**

Dans la loggia qui est près de la Confession, à droite quand on regarde l'autel, on fait l'ostension des saintes Reliques que l'on conserve dans une chapelle derrière cette loggia. Ces reliques sont : le **Bois de la Ste Croix**, le **Titre que Pilate fit mettre sur la Croix**, deux **Épines de la Ste Couronne** et un **clou de la Passion.**

Par la nef à gauche, on descend dans l'église souterraine. L'autel situé à gauche en entrant est dédié à Notre-Dame des Sept-Douleurs ; la chapelle à droite est sous le vocable de Ste Hélène ; le sol est formé d'une grande quantité de terre que la sainte impératrice fit apporter du Calvaire. La voûte est ornée de mosaïques du xvr siècle.

Le couvent voisin appartient aux Cisterciens ; il est en grande partie occupé par la troupe.

Revenu sur la place, on prend la rue droite (*ria S*-*Croce*) qui est en face la basilique, puis on tourne à gauche par la *ria Labicana* et on rencontre la *ria Merulana* dans laquelle se trouve, non loin du carrefour, l'église de *S. Antonio*; on laisse ensuite à gauche, en suivant la *ria Labicana*, l'église des SS. PIERRE ET MARCELLIN, et on arrive sur la place de S.-Clément.

ÉGLISE DE S.-CLÉMENT. — (Plan L. 8.) — On entre dans l'église de ce nom, soit par la porte qui est sur la place, soit par celle qui donne sur la *ria di san Giovanni*. Cette église fut construite sur la maison de S. Clément, pape, et en 1848, le père Mullooly, prieur des Dominicains du couvent voisin, soupçonna qu'il existait une église différente de celle que l'on connaissait. En effet, en 1857, il découvrit l'église inférieure.

L'église supérieure, qui date du xir siècle, est un des plus beaux modèles d'église ancienne que l'on possède.

Entrant par la porte latérale, on voit à droite, dans le fond de la nef, la chapelle de la Passion ou de Ste-Catherine. Les peintures qui sont dans la grande nef, près de cette chapelle, représentent la vie de Ste Catherine, martyre.

Au milieu de l'église se trouve la partie appelée **chœur, scola cantorum**, avec le **candélabre** et les **ambons**; le **sanctuaire** est plus élevé de quelques degrés, et l'autel est au milieu; il renferme les reliques de S. Clément et de S. Ignace d'Antioche; il est surmonté d'un ciborium supporté par quatre colonnes de marbre précieux. A droite il y a un petit ciborium pour les saintes huiles; au fond de l'abside un beau siège pontifical, et de chaque côté des bancs en marbre avec les images en mosaïque du Sauveur, de la Ste Vierge et des douze apôtres. La belle mosaïque de l'abside date de la fin du XIIIe siècle; elle représente le **Sauveur crucifié**, à ses côtés la **Mère de Dieu et S. Jean**; sur les branches de la Croix, **douze colombes** (les douze apôtres); du pied de la Croix coulent quatre fleuves, auxquels deux cerfs se désaltèrent. On y voit aussi quatre docteurs de l'Église que des groupes semblent écouter, et un grand nombre de scènes allégoriques.

L'arc triomphal est aussi orné d'une mosaïque qui représente Jésus-Christ, avec les symboles des évangélistes; au-dessous S. Paul et S. Laurent, S. Pierre et S. Clément, et plus bas Isaïe et Jérémie.

La chapelle qui est au fond de la petite nef à gauche de la porte latérale est dédiée à Notre-Dame du Rosaire. Près de cette chapelle, Sa Sainteté Léon XIII en a fait ériger une nouvelle en l'honneur des SS. Cyrille et Méthode, dont les corps ont reposé dans cette église jusqu'en 1798, époque néfaste à laquelle ils ont été dispersés par les soldats de l'occupation française. Cette chapelle est très belle et remarquable par ses marbres.

Celle qui est de l'autre côté en face du Rosaire est consacrée à S.-Jean-Baptiste, et celle qui se trouve à droite de la porte principale est sous le vocable de S.-Dominique.

Près de cette dernière chapelle est l'entrée de la sacristie et de l'**église inférieure**.

On descend par un escalier dans le *Narthex*, c'est à dire dans la partie où, selon l'ancienne discipline de l'Église, se tenaient les pénitents. On voit en descendant des inscriptions et divers fragments trouvés dans la nef, et dans le Narthex diverses peintures remontant au xi⁰ siècle; on remarque surtout **Jésus-Christ bénissant, le miracle accompli au tombeau du Saint** et la **Translation de ses reliques**.

Les peintures de l'intérieur remontent au xi⁰ et même jusqu'au v⁰ siècle; elles sont très remarquables. La première à gauche en entrant dans la grande nef représente l'**Assomption de la S**ᵗᵉ **Vierge** (ix⁰ siècle); tout à côté on voit le **Crucifiement de Notre Seigneur**; un peu plus loin en montant vers l'abside, les **deux Marie venant avec des aromates au tombeau de Notre Seigneur**; au-dessous, **Jésus descendant aux limbes**; et plus bas encore, les **Noces de Cana**.

Vers le milieu de la grande nef, toujours du même côté, on a représenté **S. Alexis demandant l'hospitalité à son père, S. Alexis mourant, S. Alexis mort et reconnu par** son père. En se rapprochant encore de l'abside, on aperçoit diverses autres peintures également très anciennes; l'une d'elles représente **S. Clément célébrant les saints Mystères et Sisinius frappé de cécité** pour avoir voulu surprendre les secrets des chrétiens.

Derrière l'abside, il y a des constructions auxquelles on parvient par un escalier situé du côté de l'épitre; le style accuse le 1er ou le IIe siècle de notre ère. Parmi ces constructions, il y a un sanctuaire de **Mithras** dans lequel on a retrouvé une statue du Bon-Pasteur. Il est probable que ces chambres sont un reste de l'habitation de S. Clément. On voit aussi, près de l'abside et le long de la nef de droite, de vieilles substructions en énormes blocs de travertin; M. de Rossi pense que ces substructions remontent au temps des rois.

Dans la nef latérale, du côté de l'évangile, il y a une peinture représentant **S. Cyrille baptisant un slave**, et à côté le tombeau vide de ce saint; dans l'autre nef, non loin de l'abside, on distingue une image de **Notre Seigneur bénissant**; et plus bas, l'histoire de Ste **Catherine**; enfin dans le bas de la nef on voit deux sarcophages anciens.

Repassant par l'église supérieure, on sort sur la *ria di San Giovanni*, on se dirige vers le Colisée, que l'on laisse sur sa gauche, et sans le contourner on prend la *ria della Polveriera* qui conduit à l'église de *S.-Pierre-aux-Liens*.

ÉGLISE DE S.-PIERRE-AUX-LIENS. —

(Plan K. 7.) — Cette église fut bâtie primitivement par l'impératrice Eudoxie qui, ayant reçu l'une des deux chaînes dont Pierre avait été lié à Jérusalem, en avait fait don au pape S. Léon. Comme l'église de Rome possédait la chaîne dont l'apôtre avait été lié par ordre de Néron, S. Léon mit ensemble les deux chaînes qui s'unirent miraculeusement. C'est à la suite de ce prodige que la pieuse impératrice fit bâtir, en 442, la basilique qui, de son nom, fut appelée EUDOXIENNE.

En entrant par le portique, on voit à gauche une peinture représentant **Rome délivrée de la peste par S. Sébastien.** Le deuxième autel de la nef latérale gauche est consacré à ce grand saint que représente une belle mosaïque du VII° siècle.

L'abside peinte à fresque offre l'histoire de S. Pierre, et on voit au fond de l'hémicycle un beau siège pontifical.

La Confession a été élevée en 1877, par l'Archiconfrérie des Chaînes de S.-Pierre, avec le seul produit de la vente du *fac-simile* de ces chaînes, et cela en mémoire du cinquantième anniversaire de la consécration épiscopale du vénéré pontife Pie IX, qui avait eu lieu dans cette église. C'est dans l'autel qui est sous la Confession que se conservent aujourd'hui les précieuses chaînes; deux belles portes de bronze ferment le reliquaire; et deux belles statues sont de chaque côté de l'autel : **S. Pierre délivré de ses liens et l'Ange libérateur.** Dans une crypte sous l'autel sont les corps des

sept frères Macchabées, qui furent retrouvés en
1877 dans un beau sarcophage de la fin du IVe
siècle. Ce sarcophage est conservé dans la crypte
à laquelle on descend par les portes qui sont
près de l'autel.

Dans la nef qui est à droite en entrant, on
trouve près de la Confession la chapelle de
Ste-Marguerite, et bientôt après, en allant vers
l'entrée, le tombeau du pape Jules II, dont fait
partie la célèbre statue de **Moïse**, chef d'œuvre
de Michel-Ange. L'autel qui suit est dédié à
S. Pierre; il est surmonté d'un tableau, **S. Pierre
délivré par un ange**. Le dernier autel de cette
nef est consacré à S. Augustin; on y remarque
un beau tableau du saint par le Guerchin.
Dans la sacristie, dont l'entrée est près du
tombeau de Jules II, on montre une belle tête,
l'**Espérance** de Guido Reni, une **délivrance
de S. Pierre** du Dominiquin, une **effigie du
Rédempteur** par le Guerchin.

Le couvent voisin était occupé par les chanoines réguliers de S.-Jean de Latran (Rochettini);
le gouvernement piémontais s'en est emparé
et en a fait le siège de l'école d'application.

En sortant de S.-Pierre-aux-Liens, on prend
à droite et on descend par un viaduc sur la
nouvelle rue *(via Carour)*. On prend alors à
gauche et, par la première à droite, on arrive à
l'église de Ste-Marie-des-Monts. L'église qu'on
laisse sur la gauche est connue sous le vocable
de S.-FRANÇOIS DE PAULE.

ÉGLISE Ste-MARIE-AI-MONTI. — (Plan
K. 7). — A la place de Ste-Marie-ai-Monti, il y
avait jadis un monastère de Clarisses ; ces religieuses ayant abandonné leur maison pour
aller s'établir à S.-LAURENT IN PANEPERNA,
il resta dans la maison une image de la S^te^
Vierge peinte sur un mur. Cette image fit bientôt de si grands prodiges que la foule vint
nombreuse prier cette Madone, et les aumônes
furent si abondantes qu'elles suffirent pour
bâtir une église et la doter d'un nombreux
clergé. Cette sainte Image se vénère aujour-
d'hui sur le maitre-autel.

A gauche de l'entrée de l'église, on voit
d'abord la chapelle de l'Annonciation ; puis
celle de la Nativité ; l'autel suivant est dédié à
S.-Benoit-Joseph Labre, il est orné d'un tableau
qui représente le saint distribuant aux pauvres
le peu qu'il possède. Sous l'autel est le corps
vénérable du saint pèlerin.

En sortant de cette église, on tourne à
gauche, on prend la *ria de' Serpenti*, et on s'arrête au n° 3 de cette rue pour visiter la chambre
où, le 16 avril 1783, mourut S. Benoit-Joseph
Labre, dans la maison où des personnes chari-
tables l'avaient recueilli.

Au sortir de cette maison, on retourne vers
Ste-Marie des Monts et on prend à droite la *ria
Baccina* qui, passant derrière l'église, conduit
à l'*arco de' Pantani*, construction très ancienne
qui faisait partie du FORUM D'AUGUSTE. A
droite, il y a trois grandes colonnes qui auraient

appartenu au temple de MARS VENGEUR: à gauche, des fouilles récentes ont mis à découvert l'ancien sol du forum et diverses inscriptions.

Arrivé par la *ria del arco de' Pantani* au carrefour de la *ria Alessandrina,* on prend à droite cette dernière qui conduit au Forum de Trajan.

FORUM DE TRAJAN. — (Plan I. J. 7.) — Ce Forum est le plus magnifique de l'ancienne Rome: il renfermait un grand nombre de monuments splendides, tels que la basilique Ulpia en partie découverte, la bibliothèque, la colonne Trajane qui existe encore, etc. Ce Forum fut construit par Trajan, vers l'an 112 de notre ère, et pour le construire, on dut faire des déblais considérables dont la profondeur est indiquée par la hauteur de la colonne, qui est de quarante-quatre mètres. Sur le fût de cette colonne, qui a servi de modèle pour la colonne Vendôme à Paris, sont sculptées les victoires de Trajan sur les Daces, et ces bas-reliefs ont toujours été considérés comme des chefs-d'œuvre.

La statue de Trajan en bronze doré, qui surmontait la colonne, a été remplacée par celle de S. Pierre qui y fut posée par ordre de Sixte-Quint.

Les deux églises bâties sur cette place sont (pour la personne qui les regarde), à droite, l'église du S.-Nom de Marie, et à gauche, celle de Notre-Dame de Lorette.

ÉGLISE DU S.-NOM DE MARIE. — (Plan I. 7.)
— L'église du S.-Nom de Marie appartient à
l'Archiconfrérie établie sous ce vocable, en
souvenir de la victoire remportée en 1683 par
Jean Sobieski, sur les armées ottomanes. Au
maître-autel, on vénère une Madone très
ancienne qui était autrefois au Sancta
Sanctorum à S.-Jean de Latran.

ÉGLISE DE NOTRE-DAME DE LORETTE. —
(Plan I. 7.) — L'église de Notre-Dame de Lorette
appartient à la Confrérie des boulangers. Le
tableau de Ste-Catherine, au premier autel, est
en mosaïque; dans le chœur, deux peintures
représentent la **nativité** et la **mort de la
Ste Vierge**, et un tableau au maître-autel la
Ste Vierge entre S. Jacques et S. Sébastien.

La *ria del Foro Trajano*, qui commence à
gauche de cette église, conduit directement par
la *ria di San Marco* à la place de ce nom qui
est devant la basilique de San Marco.

BASILIQUE DE S.-MARC. — (Plan I. 7.) —
L'église de S.-Marc, une des basiliques mi-
neures, a été fondée sous Constantin. Presque
entièrement enclavée dans le palais de Venise,
elle est précédée d'un portique d'où on passe
dans l'intérieur en descendant trois degrés.
Dans la nef de droite, les tableaux représentent:
dans la première chapelle, la **Résurrection
de Notre Seigneur**; dans la deuxième,
la **Ste Vierge**; dans la troisième, l'**Adoration
des Mages**; dans la quatrième, **Notre-Dame**

des Sept-Douleurs. Dans le chœur, à droite, est une armoire avec de nombreuses reliques.

La mosaïque qui décore l'abside (IXe siècle), représente le Sauveur ayant à sa droite S. Félicien, S. Marc et Grégoire IV, à sa gauche S. Marc, pape, S. Agapit et Ste Agnès. Au dessous on voit l'agneau mystique avec douze autres agneaux (les Apôtres).

Le tombeau de l'autel se compose d'un très beau sarcophage antique qui renferme les corps de S. Marc évangéliste et de plusieurs autres saints.

Le tableau de la première chapelle, en retournant vers l'entrée, représente l'**Immaculée Conception**; celui de la deuxième, **S. Michel**; celui de la troisième, Ste **Martine**.

On continue à droite en sortant par la *ria di San Marco*, qui débouche dans celle *d'Ara Cœli*, d'où chacun retrouvera facilement son quartier.

TROISIÈME JOURNÉE

Le Vélabre. — Circo Massimo. Thermes de Caracalla. — Catacombes. — S.-Paul-hors-les-Murs. — Ste-Sabine. — Gesù.

Pour arriver à la Piazza Montanara :

Les personnes logées près de S.-Pierre prendront, après le pont S.-Ange, la ria del Banco, celle de' Banchi Vecchi; à gauche la ria del Pellegrino, la piazza campo de' Fiori, la ria de' Giubbonari, la ria del Pianto, la ria della Pescheria et arriveront à la piazza Montanara.

Les personnes logées près de S.-Jean de Latran suivront la ria S.-Gioranni et le Forum Romanum ou Campo Vaccino; arrivées en face de l'Arc de Septime-Sérère, elles tourneront à gauche, prendront la ria della Consolazione et arriveront à l'église *santa Maria della Consola-zione*, par où elles commenceront la visite (1).

Les personnes logées près du Forum Trajan prendront la *ria Marcello de' Corri*, puis à gauche la *ria di Marforio*, passeront devant l'arc de Septime-Sévère, prendront la *ria della Conso-lazione*, et commenceront la visite par l'église Ste Marie de la Consolation.

Les personnes qui restent près de S.-Louis-des-Français prendront, derrière l'église, la *piazza Madama*, la *ria dei Sediari*, et suivront tout droit jusqu'à la place *S.-Carlo a' Catinari*, où elles prendront la *ria del Pianto*, puis la *ria della Pescheria* qui conduit à la *piazza Mon-tanara*.

Les personnes logées à la place d'Espagne sui-vront le *Corso* et prendront la première rue à droite, après avoir dépassé l'extrémité de la *ria di San Marco (ria Giulio Romano)* ; elles tra-verseront la place *d'Ara Cœli* et prendront la *ria di tor de' Specchi*, à l'extrémité de laquelle

(1) Les personnes logées près de S.-Jean de La-tran feront bien de prendre, entre le Baptistère et l'hôpital, la *ria della Ferratella* qui les conduira tout droit, en 15 ou 18 minutes, aux Thermes de Cara-calla. Elles continueront par les Catacombes, etc. Arrivées au *Gesù*, elles visiteront la partie qu'elles ont omise le matin et rentreront par le même che-min; ou bien elles laisseront complètement cette partie, qui n'est pas très importante, et rentreront par la ligne d'omnibus qui va de la *place de Venise* à *S.-Jean-de-Latran*.

elles tourneront à gauche pour arriver à la place *Montanara*.

Partant de cette place par la *ria Bocca della Verità*, on prendra la première rue que l'on trouvera sur la gauche; après l'église de *San Nicola in Carcere* qui est à droite, on montera à *S² Maria della Consolazione*.

ÉGLISE Ste-MARIE DE LA CONSOLA-TION. — (Plan I, 8.) — Le peuple romain, reconnaissant des faveurs nombreuses obtenues en priant devant une Madone peinte sur un mur, au pied du Capitole, fit bâtir cette église en son honneur. L'image miraculeuse est sur le maître-autel.

À cette église est annexé l'hôpital Ste-Marie de la Consolation, pour les personnes blessées.

La petite rue, *ricolo de' Fenili*, qui est à gauche en sortant de l'église, conduit à la rue du même nom, où quelques pas faits à gauche mettent en face l'église di San Teodoro.

ÉGLISE DE S.-THÉODORE. — (Plan I, J. 8.) — Cette église, située dans le Vélabre (on appelait ainsi la vallée qui séparait le Capitole du Palatin), est un ancien Temple de Romulus, selon les uns, mais plus probablement de Vesta; elle a été reconstruite au xve siècle, et est desservie par la confrérie du *Sacré-Cœur de Jésus* ou des *Sacconi*. Cette Confrérie se compose de cardinaux, de prélats et de nobles romains qui, chaque vendredi, vont de porte en porte quêter pour les pauvres. Ils sont alors ceints d'une grosse corde, portent un bissac sur l'épaule et sont entièrement couverts d'un sac de grosse toile, d'où leur vient le nom de *Sacconi*; le capuchon qui leur couvre la tête est seulement percé de deux trous, à l'endroit des yeux. Les aumônes recueillies et distribuées par cette Confrérie sont considérables.

En continuant de suivre la *ria di S.-Teodoro* et celle qui lui fait suite, on trouve bientôt sur la droite l'arc de JANUS QUADRIFRONS, qui s'élevait au milieu du FORUM BOARIUM (marché aux bestiaux), et n'a rien de bien remarquable.

ÉGLISE DE S.-GEORGES *(en Vélabre).* — (Plan I, 8.) — En face se trouve l'église de *St-Georges en Vélabre*, où l'on conserve sous la Confession la tête du saint, son épée et son étendard. Cette église qui est une des plus anciennes de Rome est presque toujours fermée.

Devant l'*arc de Janus*, un peu à droite en retournant vers le Palatin, on peut voir la *Cloaca Massima*, le grand égoût construit par Tarquin l'Ancien.

ÉGLISE DE Ste-ANASTASIE. — (Plan I, 9.) — Revenu sur la *ria di San Teodoro*, on voit sur la gauche, après quelques pas, l'église de Ste-Anastasie, dont le corps est conservé sous le maître-autel; dans cette église on conserve également le calice de S. Jérôme.

Après avoir quitté Ste-Anastasie, on tourne
à gauche, par la *ria de' Cerchi*, le long de
laquelle se trouvait à droite le CIRCUS MAXI-
MUS, qui avait été fondé par Tarquin l'Ancien
et reconstruit plus tard avec une grande magnificence. Selon certains auteurs, il pouvait contenir 485.000 personnes, mais ce chiffre est
certainement exagéré. Aujourd'hui on n'en voit
que quelques restes insignifiants. Le cimetière
des Juifs et l'usine à gaz occupent une partie
de son emplacement.

En continuant de suivre la même rue, qui
va prendre le nom de *ria di Porta San Sebastiano*, on laisse sur la droite, à quelques minutes, l'église de Ste-BALBINE, puis on franchit
la Marrana, petit ruisseau bourbeux, et on prend
le premier chemin qui se présente à droite ; il
conduit aux THERMES D'ANTONIN CARA-
CALLA.

THERMES D'ANTONIN CARACALLA. —
(Plan K. 11.) — Ces thermes, construits avec une
magnificence extraordinaire, pouvaient contenir mille six cents baigneurs, et formaient un
vaste carré de 330 mètres de côté. On y a trouvé
une foule de statues et de mosaïques d'une
grande valeur qui font l'ornement des musées
de Naples, du Latran et du Vatican.

On croit reconnaître la destination d'un certain nombre de salles, telles que les péristyles,
le frigidarium, le tepidarium et le calidarium.
Un petit escalier situé près du calidarium permet d'embrasser, d'un seul coup d'œil, l'ensemble des ruines.

Revenu sur la *ria di Porta San Sebastiano*
ancienne voie Appienne, on trouve à droite
l'église des SS.-NÉRÉE ET ACHILLÉE, dans
laquelle on voit un ambon et un candélabre
remarquables, ainsi qu'un siège en marbre
dont fit usage S. Grégoire le Grand. Le front de
l'abside est décoré d'une mosaïque du VIIIe
siècle.

ÉGLISE DE S.-SIXTE. — (Plan L. 11.) — L'é-
glise de S.-Sixte se présente aussitôt sur la
gauche : c'est en ce lieu que S. Sixte et S. Laurent se dirent adieu au moment où S. Sixte
partait pour le martyre.

C'est ici également qu'habita S. Dominique
avant de se rendre à Ste-Sabine. Le P. Besson,
dominicain, a voulu en perpétuer le souvenir
en peignant dans une salle divers faits de la
vie de S. Dominique.

ÉGLISE DE S.-CÉSAIRE. — (Plan L. 11.) —
L'église de S.-Césaire, que l'on rencontre un
peu plus loin sur la droite, à l'endroit où l'ancienne voie Latine se séparait de la voie Appienne, offre aux regards du visiteur les
mosaïques qui ornent son abside, deux **ambons** d'un travail remarquable et un beau
candélabre.

**ÉGLISE S.-JEAN DEVANT LA PORTE LA-
TINE.** — (Plan M, 12.) — En prenant à droite, on
arrive directement à la porte S.- Sébastien ; et
en prenant l'autre chemin, on rencontre bientôt à gauche, derrière un ancien couvent, l'é-

glise consacrée à S.-Jean devant la Porte Latine. C'est le titre cardinalice de l'Éminentis-
sime cardinal Langénieux. Plus loin, à droite,
la petite chapelle qui fut élevée à l'endroit où
S. Jean fut mis dans l'huile bouillante. (Ces
églises sont presque toujours fermées.)

En suivant les fortifications sur la droite,
les piétons arrivent promptement à la porte
S.-Sébastien (1).

Avant cette porte, au n° 13, se trouve le
tombeau des Scipions, dont les curiosités ont
été transportées dans les musées; au n° 14 sont
trois colombaires bien conservés.

L'arc qui est près de la porte est celui de
Drusus, il date des premières années de notre
ère.

(Du Forum, pour venir ici, il faut à un piéton
ordinaire environ trente minutes; et pour gagner les catacombes, vingt-cinq minutes sans
compter les arrêts pour les visites.)

ÉGLISE DOMINE QUO VADIS ? — En quittant la porte S.-Sébastien, on descend vers un
petit cours d'eau ; puis on trouve à droite
l'ancienne voie Ardéatine, et en face, une petite
église : DOMINE QUO VADIS ? bâtie à l'endroit
où S. Pierre, fuyant la persécution, rencontra
Notre Seigneur se dirigeant vers Rome. DOMINE
QUO VADIS ? (Seigneur où allez-vous?) lui dit

(1) Si le chemin le long des fortifications était
intercepté, il faudrait retourner sur ses pas jusqu'à
l'église S.-Césaire.

l'Apôtre. **Je viens me faire crucifier de nouveau**, répondit le Sauveur. Pierre comprit et retourna vers Rome. Il y a dans l'église une reproduction de l'empreinte des pieds de Notre Seigneur sur la pierre (la véritable empreinte est dans la basilique de S.-Sébastien).

CATACOMBES DE S.-CALLISTE. — En continuant par la *via Appia*, à gauche, à quelques centaines de pas, le chemin bifurquant, il faut prendre celui de droite qui conduit en dix à douze minutes aux catacombes de S.-Calliste. Elles se trouvent sur la droite; une inscription et quelques cyprès les font reconnaitre.

Le visiteur chrétien ne peut voir toutes les catacombes, ces immenses excavations qui entourent la ville de Rome et dans lesquelles les chrétiens enterraient leurs morts et se réfugiaient pendant les persécutions; mais il désire vivement les connaitre, et pour lui un voyage de Rome serait incomplet sans une visite dans ces immenses souterrains qui sont comme le berceau de la société chrétienne.

Quelques réflexions sur les catacombes en général et une visite à celles de S.-Calliste, qui sont les plus belles et peut-être les plus étudiées, semblent devoir répondre à ce légitime désir.

On a beaucoup écrit sur les catacombes, mais les ouvrages du P. Marchi, Jésuite, et du chevalier J.-B. de Rossi, nous présentent les études les plus approfondies sur cette matière. Ces deux illustres savants ont prouvé surabondamment que les catacombes ont été creusées par les chrétiens. D'après M. de Rossi, dans sa *Roma Sotterranea* :

« Ce qui frappe d'abord, c'est l'immensité
« de ces nécropoles ; ces étages superposés, ces
« galeries qui s'ajoutent les unes aux autres,
« ces sépultures qui se pressent sans cesse de
« plus en plus le long des murailles, sont une
« image saisissante de la rapidité avec laquelle
« le christianisme s'est propagé à Rome. Les
« cimetières chrétiens donnent raison aux Pères
« quand ils dépeignent le développement mer-
« veilleux du christianisme. Une autre re-
« marque, suggérée par l'immense étendue des
« catacombes, c'est que le seul lien que tous
« ces morts avaient entre eux était la Religion ;
« mais ce lien était devenu si fort qu'il avait
« remplacé tous les autres. En effet leur patrie,
« leur naissance, leur fortune, étaient souvent
« très diverses : ils appartenaient à des familles
« différentes, ils n'exerçaient pas les mêmes
« métiers, quelques-uns même ne s'étaient
« jamais rencontrés pendant leur vie. Esclaves,
« affranchis, hommes libres, Grecs, Romains,
« Barbares, ont oublié cette diversité d'origine
« et de fortune, pour ne se souvenir que de
« leur religion commune.

« C'est aussi là que l'histoire du dogme se
« manifeste le plus clairement ; le dogme de la
« communion des saints s'y trouve enseigné ;
« le Baptême, l'Eucharistie, la Pénitence, le
« Mariage, sont représentés par mille sym-
« boles. N'allez pas croire avec les esprits su-
« perficiels et sceptiques que ces dogmes n'é-
« taient admis que par la plèbe ignorante.

« Sans doute l'Église fut accueillie comme une
« mère par tous ceux qui souffraient, mais elle
« compta des fidèles, même à ses premiers
« jours, dans le palais des Césars et parmi les
« personnages consulaires ; les catacombes en
« fournissent la preuve, surtout celle de S.
« Calliste. »

Si vous demandez comment les chrétiens
proscrits ont pu réunir ainsi tout le peuple
de leurs morts, M. de Rossi vous répondra :
« que l'empire au Ier et au IIe siècles s'était cou-
« vert d'associations pour les funérailles. C'é-
« taient des sociétés auxquelles on versait une
« cotisation mensuelle modique, et qui se char-
« geaient de fournir à tous leurs membres
« des obsèques décentes. Un sénatus-consulte
« autorisa d'avance toutes les sociétés de ce
« genre. Les chrétiens profitèrent de ce bien-
« fait.

« Voilà pourquoi l'entrée des catacombes
« n'était pas dissimulée ; les chrétiens étaient
« sûrs que, quand même on poursuivrait les
« vivants, on respecterait les morts. »

Les chrétiens ensevelirent leurs morts dans
les catacombes jusqu'à ce que la paix fut rendue à l'Église.

Alors on commença à élever des basiliques
sur les tombes des saints, et les catacombes
furent moins visitées ; pourtant à la fin du
IVe siècle, S. Damase attira l'attention des fidèles de ce côté, et elles redevinrent très fréquentées pendant le Ve siècle. Enfin après le
VIIIe siècle elles furent de nouveau négligées, et
au XVIe siècle elles étaient dans l'oubli le plus

complet. Depuis cette époque on a fait de nombreuses recherches sur les catacombes, et la commission d'archéologie sacrée, fondée par Pie IX, a produit des merveilles.

Il y a trois catacombes très importantes sur la voie Appienne :

CELLE DE S. PRÉTEXTAT: elle se trouve à gauche du chemin qui se détache de la voie Appienne, presque en face de l'entrée de celles de S. Calliste, et renferme des fresques très intéressantes, l'**Hémorroïsse**, le **Christ et la Samaritaine**, etc.

CELLE DE S. SÉBASTIEN, à laquelle on arrive par la basilique de ce nom: dans cette catacombe on conserva pendant quelque temps les corps des apôtres S. Pierre et S. Paul.

Et CELLE DE S. CALLISTE qui est la plus visitée. On y descend par un large escalier construit probablement au IVᵉ siècle: les parois, dès l'entrée, sont couvertes d'inscriptions en caractères grecs ou latins.

Les endroits les plus remarquables sont :

1º LA CRYPTE DES PAPES, avant laquelle on trouve sur la droite du couloir un **cubiculum** (petite chambre), avec trois niches surmontées d'un arceau cintré. Dans la crypte même, il y a plusieurs fragments de marbre avec des inscriptions qui font connaître les noms des personnages inhumés dans ce lieu. On y voit aussi un autel que S. Damase avait fait rétablir, et sur lequel il a fait graver une longue inscription en très beaux caractères, dont voici la traduction : *C'est ici que reposent* *les ossements des saints..... C'est ici que reposent les compagnons de S. Sixte..... C'est ici qu'est la foule des ministres saints..... C'est ici que repose le pontife qui vécut longtemps en paix; ici reposent des enfants, des jeunes gens, des vieillards et des vierges. Ici, je l'avoue, moi Damase, j'aurais voulu ensevelir ma dépouille; mais j'ai craint d'insulter aux cendres des saints.*

2° LA CHAPELLE DE Sᵗᵉ CÉCILE, qui se trouve à gauche de la précédente, a été retrouvée par M. de Rossi, guidé par les anciennes descriptions des catacombes. On y voit un grand sarcophage et les peintures suivantes : S. Urbain; *une jeune femme richement parée (Sᵗᵉ Cécile); trois saints* avec leurs noms; *une tête de Notre Seigneur.* (Pie IX a fait élever un autel dans cette crypte; on obtient facilement d'y dire la messe.)

3° La CHAPELLE DES SACREMENTS, dans laquelle on voit le *Bon Pasteur qui porte un agneau* (le sacrement de Pénitence); *Moïse qui fait jaillir l'eau du rocher* (le Baptême); *la multiplication des pains* (l'Eucharistie);

4° La CHAPELLE DE S. CORNEILLE, dans laquelle se trouvent la pierre tumulaire du saint et une peinture le représentant en vêtements sacerdotaux, et près de lui S. Cyprien;

5° La CHAPELLE que l'on pourrait appeler DE L'EUCHARISTIE, parce qu'elle renferme

une fresque très remarquable du IIe ou IIIe siècle :
Un poisson (le Christ) portant un panier avec des
pains et une fiole de vin, ce qui rappelait aux
fidèles le sacrement adorable de l'Eucharistie.
(En grec *poisson* se dit ΙΧΘΥΣ, mot qui se
compose des initiales des mots suivants :
Ιησους Χριστος Θεου Υιος Σωτηρ, Jésus-Christ, fils
de Dieu Sauveur.)

Dans cette catacombe, il y a un grand nombre
d'autres fresques qui attirent l'attention du visiteur chrétien.

BASILIQUE DE S.-SÉBASTIEN. — En continuant sur la voie Appienne, après être sorti
des Catacombes, on est bientôt en face de la
basilique de S.-Sébastien qui est sur la droite,
et qui fut probablement construite primitivement par Constantin, tandis que la construction
actuelle est du XVIIe siècle.

Dans la première chapelle à droite, on vénère
la pierre qui porte les empreintes des pieds du
Sauveur, une flèche et la colonne de S. Sébastien et diverses autres reliques. La deuxième
chapelle est dédiée à S. François d'Assise ; la
troisième à S. Jérôme ; la quatrième à S. François d'Assise et au pape S. Fabien.

Le maître-autel renferme le corps de saint
Étienne, pape, martyrisé dans la catacombe. A
gauche du maître-autel, il y a un oratoire avec
deux autels. La deuxième chapelle de gauche
est consacrée à S. Bernard ; la troisième à
Ste Françoise Romaine et la quatrième à S. Sébastien, dont le corps repose sous l'autel ; la statue
du saint est très remarquable.

L'entrée de la catacombe de S.-Sébastien est près de ce dernier autel. On fait voir dans cette catacombe l'endroit où le pape S. Étienne fut martyrisé, le puits où sont restés pendant quelque temps les corps de S. Pierre et de S. Paul, une peinture représentant Notre Seigneur, S. Pierre et S. Paul, et l'endroit où S. Philippe de Néri vint souvent prier pendant dix années, comme l'atteste l'inscription qui s'y trouve.

Après avoir quitté la basilique, on tourne à gauche sur la voie Appienne, puis on prend immédiatement, encore à gauche, la *ria delle selle Chiese* qui conduit à S.-Paul hors les Murs. Ce chemin, cinq à six minutes après avoir quitté la voie Appienne, tombe sur la *ria Ardeatina*, que l'on suit quelques instants dans la direction de Rome, pour reprendre à gauche la *ria delle selle Chiese*. Après quarante ou quarante-cinq minutes depuis S.-Sébastien, on arrive à la basilique de S.-Paul.

BASILIQUE DE S.-PAUL-HORS-LES-MURS.

— Cette basilique s'élève à l'endroit où S. Paul fut inhumé. Lucine, de famille sénatoriale et disciple de S. Paul, avait une villa en ce lieu ; elle y fit transporter les restes du saint après son martyre, et plus tard on y construisit une église qui devint la plus intéressante de Rome.

En 1823, la vieille basilique de S.-Paul si belle, si pleines de souvenirs, devint la proie des flammes. Les Souverains Pontifes entre-

prirent de la reconstruire et, grâce aux offrandes
du monde entier, elle s'élève aujourd'hui plus
belle, plus somptueuse qu'elle n'avait jamais
été.

On pénètre dans la basilique par le portique
latéral qui regarde Rome, ou par une porte
qui se trouve après le Campanile, sur la voie
d'Ostie.

L'intérieur, qui a cent vingt mètres de long
sur soixante mètres de large et vingt-trois
mètres de haut, est divisé en cinq nefs, par
quatre-vingts colonnes monolithes, en granit
gris du Simplon, offertes par le roi Charles
Albert, ainsi que les deux qui soutiennent l'arc
triomphal. Le plafond est à grands caissons
avec les armes de Pie IX et de Grégoire XVI.

Au-dessus des colonnes, tout autour de la
nef principale, on a placé les portraits des
papes depuis S. Pierre jusqu'à Léon XIII, exé-
cutés en mosaïque. En avant de la Confession
on admire deux belles statues de S. Pierre et
S. Paul.

A la Confession il y a deux autels : l'autel de
S.-Timothée, qui est dans la Confession même
et qui renferme le corps du disciple bien-aimé
de S. Paul; et l'autel papal, dans lequel on conserve le corps de S. Paul, moins la tête, qui
est à S.-Jean de Latran.

L'autel papal est surmonté d'un premier
baldaquin gothique avec colonnes de porphyre
rouge, et d'un second beaucoup plus grand
supporté par quatre colonnes en albâtre oriental,
don de Méhémet-Ali, vice-roi d'Egypte. Les
bases de ces colonnes sont en malachite, ainsi

que les autels de S.-Paul et de la Sᵗᵉ Vierge, et tout ce marbre précieux a été offert par le czar Nicolas Iᵉʳ.

L'arc triomphal ou de Placidie avait de belles mosaïques du vᵉ siècle; elles ont été détruites par l'incendie et remplacées.

A droite de la Confession, nous voyons un beau chandelier pascal, et en faisant le tour nous rencontrons successivement : la statue de Sᵗᵉ **Scolastique**; l'autel de la Sᵗᵉ Vierge (**Assomption**); la statue de **S. Benoît**; la chapelle de S. Benoît avec une autre statue du saint; l'abside avec un siège pontifical; un tableau (**S. Paul porté au ciel par les anges**); une mosaïque ancienne restaurée (le **Christ bénissant, Honorius III et les apôtres**); la chapelle du Crucifix, avec une belle statue de Sᵗᵉ **Brigitte**, et un crucifix miraculeux en bois qui a parlé à cette sainte et qui est en grande vénération; la chapelle de S.-Étienne avec la statue du saint et des fresques rappelant son martyre; la statue de S.-Grégoire le Grand; l'autel de S. Paul avec un tableau représentant sa conversion; et enfin la statue de **S. Romuald**.

Avant de quitter la basilique, ne pas oublier d'aller admirer la façade principale qui regarde le Tibre, et qui est ornée de belles mosaïques exécutées dans les ateliers pontificaux.

Dans le couvent des Bénédictins qui est attenant à l'église, il y a un très beau cloître du xiiiᵉ siècle; on y pénètre par une porte qui est dans la salle derrière l'autel de la Sᵗᵉ Vierge.

ÉGLISES DE S.-PAUL-TROIS-FONTAINES.

— Les personnes qui désireront aller jusqu'à S.-Paul-trois-Fontaines, et que la crainte d'une trop grande fatigue n'effraiera pas, continueront par la voie d'Ostie: après sept ou huit minutes, la route bifurque ; elles prendront alors à gauche, et en dix-sept ou dix-huit minutes elles arriveront à l'abbaye des R. P. Trappistes établis en ce lieu depuis 1868.

La mal'aria rendait inhabitable pendant les mois d'été cette partie des environs de Rome. Par leur culture, leurs plantations et leurs travaux d'assainissement, les Trappistes l'ont rendue salubre. Dieu sait au prix de quels labeurs et de quelles fatigues! Cela leur suffit, car c'est de Lui qu'ils attendent leur récompense.

A S.-Paul-trois-Fontaines, il y a trois églises : la plus grande des trois, dédiée aux *SS. Vincent et Anastase*, est ancienne et renferme le corps de S. Anastase. Celle de *sainte Marie Scala Cœli*, de forme octogonale, fut ainsi appelée en souvenir de la vision de S. Bernard qui vit ici, après avoir dit la messe, une échelle allant de la terre au ciel, par laquelle montaient les âmes qu'il avait délivrées. L'abside renferme de bonnes mosaïques, et une inscription placée au dessus de la porte nous apprend que le tribun Zénon fut martyrisé en ce lieu avec ses 10.203 soldats.

La troisième église, celle de *S.-Paul*, fut bâtie à l'endroit même où l'apôtre fut décapité: suivant la tradition, quand le bourreau lui trancha la tête, elle rebondit trois fois en tou-

bant, et il jaillit une fontaine à chaque endroit
où elle avait touché le sol. Près de la première
fontaine est la colonne de marbre à laquelle
S. Paul fut attaché lors de son supplice.

Pie IX a fait placer dans cette église une
mosaïque représentant les quatre saisons et
trouvée dans les fouilles d'Ostie.

On revient à S.-Paul-hors-les-Murs par le
même chemin.

N. B. — Une ligne de tramways va de la basilique de *S.-Paul-hors-les-Murs* à la place *Mon-
tanara*; les personnes fatiguées pourraient la
prendre au moins jusqu'à la porte de la ville.

CHAPELLE DES ADIEUX DE S. PIERRE ET DE S. PAUL. — La basilique de S.-Paul hors les Murs est à environ trente minutes des fortifications; en revenant, on trouve à droite, à peu près au milieu de cette distance, la petite chapelle qui rappelle les adieux de S. Pierre et de S. Paul. Au dessus de la porte, un bas-relief est accompagné de cette inscription : *In questo luogo si separarono S. Pietro e S. Paolo andando al martirio; e dice Paolo a Pietro : La pace sia tero fondamento della Chiesa e pastore di tutti gli agnelli di Christo. — E Pietro a Paolo : Va in pace predicatore dei buoni e guida della salute dei Giusti.* « En ce lieu se séparèrent « S. Pierre et S. Paul en allant au martyre; « Paul dit à Pierre : « La paix soit avec toi, « fondement de l'église et pasteur de tous les « agneaux du Christ. » Et Pierre dit à Paul :

« Va en paix, prédicateur des bons et guide des
« justes dans la voie du salut. »

**PYRAMIDE DE CAIUS SEXTIUS & MONTE
TESTACCIO.** — (Plan H. I, 12.) — En arrivant à
la porte S.-Paul, on voit à gauche la pyramide
de Caius Sextius, qui a 37ᵐ de haut et près
de laquelle, mais à l'intérieur, se trouve le
cimetière protestant; puis, du même côté, le
Monte Testaccio, haut de 35ᵐ et composé en
entier de tessons de pots cassés.

En face de la grande grille, qui ouvre sur les
prairies et le chemin de Monte Testaccio, se
détache à droite un autre chemin qui conduit
sur l'Aventin.

SANTA MARIA DEL PRIORATO. — (Plan
H, 10.) — En huit ou dix minutes, on monte à
Sᵗᵃ-Maria del Priorato qui appartient aux cheva-
liers de Malte, et d'où on a une vue magnifique
sur le Janicule, S.-Pierre et le Vatican. Pour
voir l'église et jouir de la vue, on s'adresse à
la porte suivante nº 5.

ÉGLISE DE S.-ALEXIS. — (Plan II. 10.) —
Après quelques pas, on rencontre également
sur la gauche l'église de S.-Alexis et de S.-
Boniface, qui a été bâtie sur l'emplacement de
la maison de la famille de S.-Alexis, et de
la première église que Sᵗᵉ Aglaé avait fait
construire en l'honneur du saint martyr Boniface.

L'histoire de ces deux saints mérite d'être
connue :

Aglaé, jeune dame romaine, d'une naissance illustre et d'une grande opulence, vivait dans le désordre. Un jour, touchée par la grâce, elle fit venir Boniface, son intendant et son complice et lui dit : « Tu sais combien grands sont « nos crimes, et quel compte il nous faudra « rendre à Dieu ; or, j'ai entendu dire aux « chrétiens que Dieu sera indulgent pour ceux « qui assistent les serviteurs du Christ dans « leurs combats. Va donc en Orient, où les « chrétiens sont persécutés, et rapporte nous-« en des corps de martyrs. » Boniface reçut une grande quantité d'or pour aider les martyrs et dit en riant à Aglaé : « Si je puis apporter « des reliques, je te les apporterai ; mais si je « te reviens mort, reçois mon corps comme « un corps de martyr. » Aglaé le reprit de cette plaisanterie et il partit.

Quelque temps après, Boniface arrivé à Tarse se mit à secourir les chrétiens ; il fut pris et livré aux plus affreuses tortures, puis décapité. Ses esclaves rachetèrent son corps et l'apportèrent à Aglaé, qui le reçut avec grande pompe et fit bâtir sur l'Aventin une église en son honneur.

Elle-même donna ses biens aux pauvres, affranchit tous ses esclaves, vécut saintement et mourut de la mort des Saints.

— Alexis était fils d'un sénateur ; ayant été marié malgré lui, il quitta secrètement (le jour même de son mariage) la maison paternelle. Après plusieurs années d'absence, il revint à Rome ; son père qui était bon et compatissant lui donna l'hospitalité comme à un étranger ;

et Alexis vécut ainsi dix-sept ans, logé sous
un escalier de la maison de son père. Quand
il fut mort, Dieu fit connaître miraculeusement la sainteté de son serviteur, et on se rendit en foule sur l'Aventin; le Souverain Pontife, l'empereur, le sénat, le père d'Alexis lui-
même, faisaient partie du cortége. Le pape
ayant ordonné au mort de remettre le papier
qu'il tenait à la main et qu'on avait en vain
cherché à lui ôter, le mort obéit, et lecture fut
faite de ce papier qui racontait sa vie, en présence du père, de la mère et de l'épouse d'A-
lexis. Qu'on juge de l'impression que cette
lecture dut faire sur ces derniers témoins.

Le pape et l'empereur voulurent porter
eux-mêmes le corps du saint dans l'église de
S.-Boniface. (Mgr Gaume.)

— Pour entrer dans l'église, il faut s'adresser
au couvent voisin, dont la porte est à gauche
sous le portique.

En entrant à gauche, on voit l'escalier sous
lequel vécut saint Alexis (on n'a pas de preuves
de son authenticité); en face, dans l'autre nef,
est le puits où il prenait de l'eau.

Près des degrés qui conduisent au chœur,
on descend à la chapelle souterraine où reposent les corps de S. Alexis, de S. Boniface et
de Ste Aglaé.

Dans la chapelle qui est en face la Confession,
à droite, il y a un très beau tabernacle donné
par le roi Charles IV. d'Espagne, qui fut in-
terné ici par Napoléon Ier, et, à ce même autel,
une image miraculeuse de la Ste Vierge.

ÉGLISE DE Sᵗᵉ SABINE. — (Plan H. I, 10.)

— Après avoir quitté S.-Alexis, on trouve promptement sur la gauche l'église de Sᵗᵉ Sabine, qui fut construite sur la tombe de la sainte.

Le couvent voisin, auquel il faut s'adresser quand l'église est fermée, appartient aux Dominicains. (C'était autrefois un palais pontifical.)

Dans ce couvent ont habité S. Dominique, S. Raymond de Pennafort, S. Thomas d'Aquin, S. Hyacinthe, S. Pie V, etc.

On entre dans l'église par une porte latérale, à gauche de laquelle se trouve à l'intérieur une pierre ayant recouvert les restes des cinq martyrs qui sont sous la Confession.

La première chapelle, à droite en entrant, est dédiée à S. Thomas d'Aquin; la deuxième à S. Dominique; la troisième à S. Hyacinthe, les peintures de ces deux chapelles rappellent divers faits de la vie de S. Hyacinthe; il y a aussi un tableau représentant la Vierge et S. Dominique.

La chapelle au fond de la nef est celle du Rosaire; au dessus de l'autel est un petit tableau représentant la Vierge, S. Dominique et Sᵗᵉ Catherine de Sienne; c'est le chef-d'œuvre de Sassoferrato.

La Confession renferme les corps de Sᵗᵉ Sabine, de Sᵗᵉ Sérapie, de S. Alexandre, de S. Evence et de S. Théodule. La toile qui est au fond de l'abside représente le martyre de Sᵗᵉ Sabine.

Suivent dans l'autre nef la chapelle du Crucifix, et vers le milieu, celle de Ste-Catherine de Sienne, où l'on voit un tableau de la sainte.

En revenant dans la grande nef, à peu près en face la porte latérale, on remarque la pierre sur laquelle S. Dominique venait prier la nuit, et tout près une autre pierre ayant servi au supplice des martyrs; un peu plus haut, en allant vers la Confession, on voit une mosaïque : c'est le portrait d'un général des dominicains, mort en 1300.

En passant de l'église dans le couvent par la porte principale, ne pas oublier d'examiner les deux jambages et le linteau de cette porte, ainsi que la porte elle-même qui date du XIIIe siècle, et dont les bas-reliefs représentent divers faits de l'Ancien Testament.

Au dessus de la porte, une vieille mosaïque du ve siècle et une inscription attirent les regards : à gauche l'église des Circoncis avec S. Pierre; à droite l'église des Gentils avec S. Paul.

Dans le couvent, la chambre occupée par S. Dominique a été convertie en chapelle, ainsi que celle où habita S. Pie V, avant son élévation au suprême pontificat. Dans cette dernière, on conserve religieusement un crucifix miraculeux devant lequel priait souvent ce grand pape. Un jour, les pieds du crucifix qu'il embrassait souvent avaient été enduits de poison; quand Pie V approcha les lèvres, le crucifix se retira. Au dessus de l'entrée de la première, une peinture représente S. Dominique, S. François d'Assise et S. Ange de l'ordre des Carmes.

On voit encore avec intérêt, dans le couvent de Ste Sabine, la salle capitulaire, l'oranger de S. Dominique et le cloître.

ÉGLISE DE Ste-MARIE-IN-COSMEDIN. —

(Plan 1, 9^1.) — Après avoir quitté Ste-Sabine, on descend de l'Aventin en prenant le chemin qui est à gauche, et on arrive sur la place *Bocca della Verità* où se trouve l'église de ce nom, appelée aussi *Sainte-Marie-in-Cosmedin*. Son premier nom lui vient de la grande pierre qui est sous le portique, et dans l'ouverture de laquelle les Romains, dit-on, mettaient la main quand ils prêtaient serment. Cette église, qui est très ancienne, occupe l'emplacement d'un ancien temple païen, dont les colonnes ont été enchassées dans les murs de l'église; elle est à trois nefs et précédée d'un portique.

Il faut remarquer, dans l'intérieur, le pavé qui est très ancien, les deux ambons, et le siège épiscopal qui est dans le fond de l'abside.

La Confession a un baldaquin avec quatre colonnes de granit rouge, et le maître-autel se compose lui-même d'une urne de ce même granit dans laquelle sont enfermées de nombreuses reliques.

La Vierge que l'on vénère sur cet autel a été apportée d'Orient, elle porte l'inscription : Θεοτόκος ἀεί παρ Θένος, *Mère de Dieu, toujours Vierge*.

Dans la nef latérale, près de l'ambon de l'épitre, on descend dans une ancienne crypte où l'on vénère les reliques de Ste Cyrille, fille de l'empereur Dèce.

Dans la Sacristie, qui est à droite en entrant dans la basilique, on voit les restes d'une ancienne mosaïque : c'est une vierge assise, ayant l'Enfant Jésus sur ses genoux; S. Joseph est debout près de la Vierge. Au fond de cette même nef est la chapelle du S.-Sacrement; en face, dans l'autre nef, est l'autel de *Notre-Dame de Lorette*. Les deux autres chapelles, en retournant vers l'entrée, sont celles de *Notre-Dame des Grâces*, et celle des fonts baptismaux qui est ornée de belles peintures.

On croit que S. Augustin, pendant son séjour à Rome, enseigna la grammaire dans une maison attenant à cette église.

Le B. J.-B. de Rossi, chanoine de cette basilique, habita ici ; on a converti sa chambre en chapelle et on y conserve plusieurs de ses reliques.

TEMPLE DE VESTA. — Plan I. 9.; — En face de cette église, au bord du Tibre est un ancien petit temple rond, connu sous le nom de *Temple de Vesta* les archéologues lui donnent un autre nom.; aujourd'hui il est consacré à la Ste Vierge sous le nom de *Notre-Dame du Soleil*.

Près de ce petit temple est le *ponte Rotto*, non loin duquel débouche dans le Tibre la *Cloaca Massima*.

ÉGLISE DE S^{t}.-GALLA. — Plan I. 8. — Reprenant, sur la place, *la rin Bocca della Verità*, on passe devant l'église Santa Galla. Galla, qui vivait au vi° siècle, appartenait à une riche famille romaine; devenue, veuve la première année de son mariage, elle convertit sa maison en un hospice pour les indigents et Dieu permit, pour la récompenser, qu'une image de la S¹° Vierge lui apparut. Ce fut alors qu'elle bâtit à côté de sa maison, pour honorer cette image, une église qui fut appelée *S² Maria in Porticu*. Quand le peuple romain eut fait construire celle de *S² Maria in Campitelli* pour mettre cette Sainte Image, la première fut appelée *Santa Galla*, du nom de sa sainte fondatrice. A Santa Galla, on pratique depuis très longtemps l'hospitalité de nuit.

En continuant, par la même rue, on rencontre sur sa gauche l'église *S.-Nicolas in carcere* et, un peu plus loin, l'ancien *théâtre de Marcellus*, bâti par César et par Auguste, et sur les ruines duquel s'élève le palais Orsini.

ÉGLISE DE S²-MARIA IN CAMPITELLI.
— (Han H. 7.) — En le laissant à gauche, et en quittant la place par la deuxième rue à partir de ce monument, on arrive à l'église *Santa-Maria in Campitelli* sur la place de ce nom.

Cette église, qu'on appelle aussi *Santa-Maria in Porticu*, fut construite en 1656, aux frais du peuple romain. Comme, à cette époque, une peste terrible ravageait le royaume de Naples et les environs de Rome, les habitants de cette ville, qui se souvenaient de la protection divine

accordée aux supplications de leurs ancêtres
(en 590 et en 1348), s'adressèrent aux Madones
les plus vénérées de Rome et en particulier à
l'image de S³ Maria in Porticu (une de celles
que S. Grégoire avait fait porter dans la procession de 590), et s'engagèrent de lui bâtir
une belle église si elle exauçait leurs prières.

Telle est l'origine de *Santa Maria in Campitelli* ; la Madone miraculeuse se trouve au dessus du maître-autel, elle est assise tenant l'Enfant Jésus; au dessus on aperçoit les têtes de
S. Pierre et de S. Paul. Cette sainte image était
auparavant dans l'église appelée autrefois *Santa
Maria in porticu*, connue aujourd'hui sous le
nom de *Santa Galla*.

La première chapelle à gauche est sous le
vocable de S. Joseph: on y remarque les tombeaux des époux Jean Altiéri; dans la deuxième
chapelle, sous l'autel repose le corps du
B. Léonardi, fondateur des clercs réguliers de
la Mère de Dieu, qui desservent cette église.

Sᵗᵉ CATHERINE A'FUNARI. — (Plan H. 7.) —

Si on tourne à gauche en sortant de l'église, et
qu'on prenne, encore à gauche, la première rue
qui se présente, on se trouve près de l'église
de *Santa Catarina de'Funari*, qui fut bâtie sur
les ruines du cirque de Flaminius; son nom
a'Funari lui vient des cordiers qui s'étaient
installés au milieu des ruines de ce cirque.

En prenant, à l'angle de la façade de cette
église, la via *Santa Catarina a'Funari*, puis à
droite celle *delle Botteghe Oscure*, et dans celle-

ci la première à gauche, on arrive à la *place du Gesù*.

ÉGLISE DU GESU. — (Plan H. 7.) — Le Gesù est une des plus belles et des plus riches églises de Rome; elle fut bâtie à la fin du xvie siècle aux frais du cardinal Alexandre Farnèse.

Les peintures de la voûte représentent le triomphe du S. Nom de Jésus.

La première chapelle à gauche, en entrant, est dite du Crucifix; dans la deuxième, un tableau représente la Ste Vierge entourée des Saints de la Compagnie de Jésus; dans la troisième, consacrée à la Ste Trinité, on voit un tableau représentant ce mystère.

La chapelle du transept est consacrée à S. Ignace, dont le corps repose dans le tombeau de l'autel qui est en bronze doré; les quatre colonnes qui ornent la chapelle sont en marbres précieux et d'une grande richesse d'ornementation; un groupe en marbre au fronton représente la Ste Trinité, et dans cette représentation, le globe céleste que tient le Père Éternel est le plus gros morceau de lapis-lazzuli que l'on connaisse. Au milieu est un tableau, c'est le portrait de S. Ignace; les jours de fête, ce tableau disparaît et laisse voir une statue du saint de 2m90. Cette statue, dont la tête et la chasuble seulement sont en argent, en a remplacé une autre qui était tout entière de ce métal précieux, et que Pie VI a été obligé de fondre pour payer l'énorme tribut imposé par la République française en 1797; de chaque côté, il y a deux beaux groupes en marbre:

l'un représente la Foi détruisant l'Idolàtrie, l'autre la Religion terrassant l'Hérésie.

La chapelle, au fond de la nef, est consacrée à la Sᵗᵉ Vierge, sous le titre de *Madonna della Strada*, et celle qui est en face, dans la nef à droite, est dédiée à S. François d'Assise. Le tableau du maître-autel représente la **Circoncision**. A gauche est le tombeau du célèbre Jésuite Bellarmin, avec deux belles statues, la Religion et la Sagesse : à droite se trouve le tombeau du Père Pignatelli.

Dans le bras droit du transept, la chapelle qui est sous le vocable de S. François-Xavier est également très belle. Un tableau au-dessus de l'autel représente la mort du saint dont le bras et la main sont au milieu, derrière un médaillon en bronze doré.

Les chapelles que l'on rencontre après la porte de la sacristie sont : 1° celle des SS. Anges ; 2° celle de S.-François Borgia ; et 3° celle de S.-André, avec un tableau du saint, et deux autres représentant le martyre de S. Etienne et celui de S. Laurent.

Immédiatement à côté de l'église du Gesù était la maison professe des jésuites, où résidait le général de l'ordre ; aujourd'hui elle est occupée par les troupes italiennes.

Dans cette maison a vécu S. Ignace, fondateur de la Compagnie de Jésus ; il y est mort, et les appartements qu'il a sanctifiés par sa vie et par sa mort inspirent à ceux qui viennent y prier l'amour de l'église et le zèle pour sa défense.

Dans la première pièce, qui sert d'anticham-

bre, se trouve une armoire qui a servi au saint ;
la deuxième pièce, celle où il mourut, a été
convertie en chapelle ; la porte est à droite de
la personne qui entre dans l'antichambre, elle
est à l'endroit où était le lit de S. Ignace. Au-
dessus du petit autel est une Madone devant
laquelle le saint disait souvent la messe. A
droite de cet autel (du côté de l'épitre), le portrait de S. Philippe de Néri et un tableau représentant la mort de S. Ignace. A gauche de
l'autel, le portrait du même saint, et en face de
ce même autel celui de S. François de Sales. De
cette pièce, on pénètre dans deux autres qui se
font suite et dans lesquelles on conserve, comme
dans les deux premières, des autographes
précieux ou des reliques de divers saints de la
Compagnie de Jésus.

Il y a une dernière pièce, convertie aussi en
chapelle, dont l'entrée se trouve dans celle qui
sert d'antichambre en face la porte d'entrée de
cette dernière. Cette chambre a une petite loggia où saint Ignace allait quelquefois respirer et
méditer ; mais ce qui la rend surtout vénérable
et chère aux religieux de la Compagnie, c'est
que dans cette pièce S. Ignace écrivit ses *Im-
mortelles Constitutions*, qui ont fait des Jésuites,
dans les temps modernes, les ennemis de l'Esprit du mal et les plus vaillants défenseurs de
l'Eglise.

Il est facile de reprendre à partir du Gesù les
mêmes chemins par lesquels on est arrivé.

QUATRIÈME JOURNÉE

Église des SS.-Apôtres. — Le Panthéon. — S.-Barthélemi- en-l'Isle. — Ste-Cécile. — S.- Pierre - in - Montorio. — La Chiesa Nuova. — S.-Augustin. — S.-Louis-des-Français.

Point de départ : place des SS. Apôtres.

Les personnes logées près du Vatican feront bien de commencer les visites de cette journée par la Chiesa Nuova; arrivées à S.-Louis des Français, elles prendront l'itinéraire indiqué ci-dessous pour se rendre aux SS. Apôtres: elles termineront par S.-Laurent in Damaso et rentreront par la via del Pellegrino, celle des Banchi Vecchi et le pont S.-Ange.

Les personnes logées près de S.-Jean de Latran prendront la *ria S.-Giorunni*, le *Campo Vaccino* et la *ria di Marforio*, à droite de l'*arc de Septime-Sévère*; à l'extrémité de la *place de Venise*, elles prendront à droite la rue qui les conduira sur la place des *SS. Apôtres*.

Les personnes logées près du Forum Trajan prendront la rue passant le long de l'église qui est à gauche à l'extrémité du Forum. Cette rue conduit tout droit aux *SS. Apôtres*.

Les personnes logées à S.-Louis-des-Français, arrivées au *Gesù*, continueront par la *ria del Plebiscito* et arriveront à la place des *SS. Apôtres*.

Les personnes logées place d'Espagne se rendront à la fontaine de Trévi, prendront à droite la via *delle Muratte*, puis à gauche celle *delle Vergini*, à l'extrémité de laquelle elles arriveront à la place en descendant un peu sur la droite.

ÉGLISE DES SS.-APOTRES. — (Plan I, 6).— La basilique des SS.-Apôtres est un des nombreux édifices élevés par la piété de Constantin: l'église actuelle date du commencement du XIXᵉ siècle. Sous le portique on voit à gauche un beau tombeau, œuvre de Canova, et à droite un bas-relief antique.

Au plafond de l'église, qui est à trois nefs, a été peint le triomphe de l'ordre de S. François;

au maître-autel est un tableau remarquable représentant les titulaires de l'église, S.-Philippe et S.-Jacques le Mineur, dont les corps reposent sous la Confession, près de laquelle se trouve le tombeau du cardinal Riario.

Si on passe dans l'abside, on y voit une peinture originale à grand effet : la **Chute des Anges**.

Dans la première chapelle de droite, le tableau de l'autel représente la Ste Vierge, S. Bonaventure et le B. Conti ; dans la deuxième chapelle richement décorée, il y a une Immaculée-Conception et le tombeau de Clémentine Sobieski ; dans la troisième, un tableau de S. Antoine de Padoue au dessus de l'autel, et sous l'autel les corps de Ste Claudia et de Ste Eugénie.

La chapelle suivante, qui est richement décorée, est destinée au S. Sacrement.

En passant dans la nef de gauche, on voit, à la porte de la sacristie, le tombeau de Clément XIV, par Canova ; puis la chapelle de S.-François, avec un tableau du saint et trois beaux tombeaux ; et celle de S. Joseph de Cupertino ; la dernière chapelle est ornée d'une belle **Déposition de croix**.

Le couvent voisin appartient aux Mineurs conventuels qui ont fourni plusieurs papes à l'Eglise, entr'autres Sixte-Quint et Clément XIV. Comme tant d'autres, ce magnifique couvent a été confisqué et le **ministère de la guerre** y a établi ses bureaux.

Le palais qui est attenant à l'église des SS.-

Apôtres appartient à la famille Colonna : il renferme une magnifique galerie de tableaux, et servait autrefois de résidence à l'ambassadeur de France près du Saint-Siège. Celui-ci habite actuellement le palais Rospigliosi, près du Quirinal.

ÉGLISE DE S. MARCEL *(Corso)*. — Plan I, 6.

— Quand on sort de l'église des SS.-Apôtres, on prend la *ria de' Santi Apostoli* qui se trouve en face : un peu à droite le long du palais Odescalchi, elle conduit au *Corso* où l'on trouve en arrivant, sur la droite, l'église de S.-Marcel.

L'histoire des premières années du christianisme parle souvent d'une noble dame romaine, du nom de *Lucine*, qui recueillait les corps des martyrs : nous avons vu qu'elle fit ensevelir le corps de S. Paul dans une de ses villas. C'est ici qu'elle habitait, et ce fut le pape S. Marcel qui fit élever une église sur son habitation.

L'église actuelle est du XVIe siècle. La première chapelle à droite est celle de l'Annonciation ; la troisième est consacrée à la *madone delle Grazie* ; dans la quatrième, où l'on vénère un Crucifix miraculeux, on a peint à la voûte l'histoire d'Adam et d'Eve ; dans cette chapelle on a élevé un monument au cardinal Consalvi, le compagnon de captivité de Pie VII.

Sous le maître-autel reposent les corps de S. Marcel et de S. Phocas.

Cette petite église est tout entière couverte de peintures.

En la quittant, on tourne à gauche sur le

Corso, et on trouve immédiatement à droite l'église de Sta *Maria in via lata.*

ÉGLISE DE Sta MARIA IN VIA LATA. —

(Plan I. 6.) — Cette église est attenante au magnifique palais Doria Pamphili, l'un des plus grands et des plus beaux de Rome : elle a été bâtie sur l'emplacement de la maison où le soldat Martial, chargé de veiller sur S. Paul prisonnier, fut converti et baptisé par cet apôtre. On l'appelle *in via lata* parce que primitivement elle s'élevait près de la rue principale de l'ancienne Rome, la *via lata*. Elle est divisée en trois nefs par des colonnes d'un beau marbre et possède, sur le maitre-autel, une vierge miraculeuse attribuée à S. Luc, et pour laquelle le peuple romain professe une grande dévotion.

A gauche de la porte, on voit le tombeau d'une princesse Bonaparte.

Dans le porche de l'église, il y a deux escaliers conduisant à la prison de S. Paul, qui devait être la maison même de S. Martial et de niveau avec le sol.

Au-dessus de l'entrée de l'escalier de droite, on lit cette inscription : *Ancien oratoire de S. Paul, de S. Luc, de S. Martial, dans lequel on trouva une des sept images de la Ste Vierge, peintes par S. Luc.* Au palier en descendant, on lit une autre inscription : *Il demeura deux ans entiers dans le logis qu'il avait loué.* Descendant par l'escalier de gauche, on trouve cette autre inscription : *Quand nous fûmes arrivés à Rome,* *il fut permis à Paul d'habiter où il voudrait sous la garde d'un soldat.*

Après être descendu (par l'escalier de gauche) on voit, à sa droite, la colonne à laquelle le gardien Martial attachait son prisonnier, et à gauche un autel avec un beau bas-relief, la **fuite en Egypte** : près de l'autel, dans un enfoncement, coule la source limpide qui jaillit pour baptiser Martial. On pénètre ensuite dans une autre pièce plus grande : à droite en entrant est la place où resta longtemps l'image que l'on vénère dans l'église, et à gauche au delà d'une grille, un autel avec un bas-relief représentant S. Paul, S. Luc, S. Martial.

S. Paul, quoique prisonnier, avait la permission de prêcher et de recevoir chez lui ; il profita largement de cette permission, recevant de nombreuses visites et annonçant à tous la parole de Dieu. Il fit beaucoup de conversions, même dans le palais de l'empereur, comme l'atteste ce passage de l'épitre aux Philippiens écrite dans sa prison : *Tous nos amis vous saluent et en particulier ceux de la maison de l'empereur.* C'est ici qu'il écrivit également son épitre aux Ephésiens, et la seconde à Timothée, dans laquelle il lui disait : *Je suis en prison, mais la parole de Dieu n'est pas enchaînée.* Enfin c'est probablement dans cette même prison qu'il composa son admirable épitre aux Hébreux, et celle qu'il adressa aux habitants de Colosses.

COLLÈGE ROMAIN. — (Plan I, 6⁴.) — En sortant de cette église, on prend la rue qui est à côté, et après une centaine de pas on a sur sa droite le *Collége romain*, appelé aussi *Université gregorienne*, parce qu'il fut fondé par Grégoire XIII. L'enseignement qui y était donné par les Jésuites était aussi complet que possible; il comprenait les sciences ecclésiastiques et profanes. L'observatoire si connu du P. Secchi, le musée si curieux du P. Kircher, montrent que ces dernières étaient cultivées avec le même succès que les sciences sacrées. En moins de trois siècles, neuf élèves du Collége romain furent élevés sur la Chaire de S.-Pierre. Le nombre des élèves était de quatorze ou quinze cents; tout y était gratuit; on n'avait pas, comme dans nos facultés, de grosses sommes à verser pour les inscriptions. On ne réclamait que dix francs au docteur nouvellement reçu; c'était à peine le prix du diplôme en parchemin qu'on lui remettait, tout entier écrit à la main, et élégamment relié.

Le gouvernement italien s'est emparé de ce magnifique établissement et de ses richesses scientifiques, et les Jésuites ont dû chercher d'autres locaux pour y continuer leur enseignement. Inutile de dire que leurs nombreux élèves les ont suivis.

ÉGLISE DE S.-IGNACE. — (Plan H. I. 6.) — En faisant le tour du Collège romain, on trouve l'église S.-Ignace qui en fait partie. Cette église, qui a été construite au XVIIe siècle, est à trois nefs. La voûte a été couverte ainsi que la coupole de peintures originales et d'un grand effet de perspective.

Les chapelles sont, à droite : 1° celle de S.-Stanislas; 2° celle de S.-Joseph ; 3° celle de S.-Joachim ; 4° dans le bras de la croix, celle de S.-Louis de Gonzague. Cette chapelle, élevée aux frais du prince Lancelotti, est d'une grande richesse. L'urne, en lapis-lazzuli, renferme le corps du saint, et un bas-relief représente son triomphe.

Dans le fond de cette nef est le tombeau de Grégoire XV, avec les statues de la **Religion** et de l'**Abondance**.

Le maître-autel, consacré à S. Ignace, est orné de nombreuses peintures toutes dues au P. Pozzi, jésuite, ainsi que la plupart de celles qu'on voit dans cette église. A gauche de l'autel, en face du tombeau de Grégoire XV, est le modèle de la statue de S. Ignace qui est à S.-Pierre; on voit aussi, à cet endroit, les quatre statues de la **Foi**, de l'**Espérance**, de la **Charité** et de la **Religion**.

En face la chapelle de S.-Louis de Gonzague s'élève celle de l'Annonciation, qui est semblable à la première. Le bas-relief au-dessus de l'autel représente l'**Annonciation**, et sous l'autel ont été déposés les restes de S. J. Berckmans, mort comme S. Louis de Gonzague, pendant qu'il suivait les cours du Collège romain.

Les autels qui suivent sont dédiés : le premier, au Crucifix; le deuxième, à S.-Ignace et à S.-François Xavier; le dernier, à S.-Grégoire-le-Grand et à S.-Grégoire-le-Thaumaturge.

Dans le Collège romain, on a laissé aux Pères Jésuites les deux chambres qui ont été occupées

par S. Louis de Gonzague et par S. Berckmans;
la première surtout est très riche en souvenirs
du saint. La visite de sanctuaires, sanctifiés par
de tels saints, laisse toujours, dans l'âme du
visiteur, un parfum de piété qui élève l'âme
vers Dieu et la détache du monde.

Sortant de l'église par la porte principale, on
prend à gauche la *ria del Seminario*; à droite
en entrant dans cette rue est le Collège germa-
nique, fondé par S. Ignace, et où se font aujourd'hui les cours du Collège romain. Cette
rue aboutit sur la place *della Rotonda* ou du
Panthéon.

Ste- MARIE DES MARTYRS OU PAN-THÉON. — (Plan H. 6.) — Sur cette place se

trouve le Panthéon, le seul grand monument de
Rome antique qui soit vraiment bien conservé;
ses murs ont 6m70 d'épaisseur; les seize
colonnes monolithes de son portique ont 12m50
de haut et 4m50 de circonférence, et le
portique a 33m50 de large sur 13m de profondeur; les portes du temple sont anciennes et
revêtues de bronze.

L'intérieur, uniquement éclairé par l'ouverture qui est au centre de la coupole et qui a
9m de diamètre, produit un très bel effet; la
coupole elle-même a 43m40 de haut et autant
de diamètre; elle surmonte des colonnes de
8m90, accouplées deux à deux; la voûte était
ornée de plaques d'or et le toit garni de tuiles
en bronze doré. Le baldaquin de S.-Pierre et
de nombreux canons ont été faits avec les

4

tuyaux de bronze de la toiture et les plaques de même métal qui garnissaient les poutres du portique.

C'est au viie siècle que ce monument fut consacré au culte chrétien sous le nom de Ste-**Marie des Martyrs**. Pour cette consécration, le Pape Boniface IV y fit amener vingt-huit chariots d'ossements provenant des Catacombes, et c'est en souvenir de cette cérémonie que fut établie la **fête de la Toussaint**.

L'église a quatorze autels, non compris le maître-autel, au dessus duquel se trouve une image miraculeuse de la Madone. Le cinquième autel, à gauche, est consacré à la Ste Vierge; c'est dans cette chapelle que sont déposés les restes du grand peintre Raphaël Sanzio, comme l'atteste son modeste tombeau; dans la chapelle voisine, un monument a été élevé à la mémoire du cardinal Consalvi, le négociateur du Concordat de 1801 avec la République française.

Dans cette même église, on voit avec peine une autre tombe : c'est celle de Victor-Emmanuel; elle se trouve dans la 4me chapelle à droite. Le corps du roi y fut déposé sans appareil, le jour même des funérailles, à dix heures du soir. On semblait redouter le jugement de la conscience publique, et se souvenir que les persécuteurs n'ont jamais échappé aux jugements de Dieu.

En prenant, à droite en sortant, la *via della Minerva* après avoir remarqué combien le sol a été exhaussé autour du Panthéon, on arrivera sur une place régulière.

Au milieu de cette place est un obélisque

porté sur le dos d'un éléphant, et sur un des côtés l'église de S^a-Maria-sopra-Minerva.

ÉGLISE DE Ste-MARIE-SUR-MINERVE.

— (Plan H, 6.) — Cette église a été ainsi nommée parce qu'elle s'élève sur l'emplacement d'un temple que Pompée avait dédié à Minerve, après ses conquêtes d'Asie. Sur la façade, des inscriptions indiquent le niveau atteint par les eaux du Tibre, dans les crues les plus extraordinaires.

Cette église de style gothique appartient aux P. Dominicains, qui l'ont fait restaurer avec une grande magnificence ; elle a de nombreuses chapelles dont nous mentionnerons seulement les plus remarquales.

Dans la nef de droite, la première chapelle après la petite entrée latérale est la chapelle de l'Annonciation ; c'est le siège de la confrérie établie au XVe siècle pour fournir des dots aux jeunes filles pauvres. Cette confrérie distribue chaque année quatre cents dots de cent soixante-trois francs chacune. Pour pouvoir prétendre aux largesses de la confrérie, la jeune fille doit être pauvre, romaine, de bonne réputation et née de légitime mariage. On n'admet point celles qui sont employées dans les hôtels, cabarets, etc. Avant d'obtenir la dot, la jeune fille a trois ans d'épreuve, pendant lesquels un membre de la confrérie est spécialement chargé de la surveiller. Il y a donc toujours dans Rome plus de douze cents jeunes filles surveillées et encouragées au bien par cette confrérie, ce qui évidemment doit avoir une grande in-

fluence sur la morale publique, surtout si l'on
considère qu'il y a un grand nombre d'autres
dots données par d'autres sociétés, à peu près
dans les mêmes conditions. Le diplôme dotal
est remis à chacune le jour de l'Annonciation,
et la dot leur est payée quand elles entrent en
ménage ou en religion. La chapelle suivante,
qui appartient à la famille Aldobrandini, renferme les tombeaux de plusieurs personnages
de cette famille, et sur l'autel un tableau représentant la **Cène**. L'autel du transept est
dédié à S.-Thomas d'Aquin et est orné d'une
belle peinture; sur une paroi latérale on a
peint le **triomphe du saint**. Les deux chapelles
suivantes sont d'abord la chapelle Altiéri, et
ensuite la chapelle du Rosaire, qui a sur son
autel une vierge très ancienne, et, sur ses
murs, les **mystères du Rosaire** et l'**histoire
de S**^{te} **Catherine de Sienne**.

Le maître-autel, qui est consacré à Ste-Cathe-
rine de Sienne, est en cuivre doré, et renferme
le corps de la sainte.

Dans le transept, à gauche du chœur, on voit
le **Christ** de Michel-Ange, et dans le passage
qui s'ouvre à côté, le tombeau de Fra Angelico.
Dans l'angle gauche du transept se trouve
l'entrée de la sacristie, par laquelle on pénètre
dans la chambre de Ste Catherine de Sienne;
car on a transporté ici, en 1637, les parois de
la chambre où la sainte est morte. (En somme,
la vraie chambre est restée *via santa Chiara*. 14.)

La chapelle, au fond du transept, est dédiée
à S. Dominique; celle qui suit, après le transept, est consacrée à S. Pie V; sous l'autel est

le corps de Ste Victoire. Dans l'avant-dernière chapelle, on vénère une madone miraculeuse, sous le titre de **Consolatrice des affligés.**

Le couvent voisin appartient aux Dominicains; c'est là qu'on s'adressait pour la Congrégation de l'Index et celle du Saint-Office. Aujourd'hui il est occupé par des administrations du gouvernement italien. La bibliothèque **Casanatense**, ainsi appelée du nom de son fondateur, le cardinal Casanate, se trouve dans ce couvent; c'est la plus riche de Rome après celle du Vatican. Les Italiens s'en sont emparés, et l'ont fait communiquer avec celle du Collége romain au moyen d'une passerelle au-dessus de la rue.

En sortant de l'église, on prendra en face la *ria di santa Chiara,* puis la première à gauche, le long du séminaire français, *ria di Tor Argentina,* et sur la droite, le *corso Vittorio-Emmanuele,* qui conduira à S.-Andrea della Valle.

ÉGLISE DE S.-ANDRÉ DELLA VALLE. — (Plan G. 6. 7.) — Cette église fut bâtie à la fin du XVIe siècle; elle a une belle façade, une coupole remarquable et une seule nef.

Dans la première chapelle à droite, il y a un bas-relief, représentant la Ste **Famille**; la deuxième passe pour avoir été dessinée par Michel-Ange, qui serait aussi l'auteur des statues et des candélabres; la troisième est consacrée à S. Charles Borromée, la quatrième à S. André Avellin et la cinquième est celle du Crucifix.

Dans l'abside, on a peint la glorification de S. André et divers faits de son histoire, et au dessus de la corniche, on a personnifié les six vertus : la **Foi**, l'**Espérance**, la **Charité**, la **Religion**, le **Mépris du monde** et la **Contemplation**.

Les peintures de la coupole représentent une gloire céleste; les quatre évangélistes sont très remarquables, le Dominiquin en est l'auteur.

A côté du chœur, à gauche, on voit l'autel de la madone, vénérée sous le nom de la **Pureté**. C'est aux prières faites devant cette image que l'on attribue la cessation de la famine de 1678.

L'autel du transept est dédié à S. Gaëtan, le suivant à S. Sébastien, avec un tableau du saint; dans la dernière chapelle, on remarquera les statues de Ste-Marthe et de Ste-Madeleine, de S.-Jean-Baptiste et de S.-Jean l'Évangéliste, ainsi que les peintures qui représentent la **Présentation**, la **Visitation** et l'**Assomption de la Ste Vierge**.

Dans cette église, pendant la semaine de l'Épiphanie, pour montrer que l'Église est UNE, et que le Christ est venu sauver toutes les nations, il y a chaque soir une prédication en langue étrangère et un office selon un des rites orientaux.

ÉGLISE S.-CHARLES A' CATINARI. — (Plan II, 7².) — En sortant de cette église par la porte latérale de gauche, et en prenant à droite la *ria di Monte Farina*, on arrive à l'église de S.-*Carlo a' Catinari*. Cette église date du xvii siècle; elle est à croix grecque, avec une superbe coupole, aux pendentifs de laquelle le Dominiquin a peint les quatre vertus cardinales; ces belles peintures n'ont pas un cachet assez religieux. La première chapelle à droite contient un tableau de l'**Annonciation**; la deuxième un de **S. Blaise**; la troisième un autre de **Ste-Cécile**; la quatrième est dédiée à la **Madone de la Divine Providence**, et renferme un grand nombre de reliques précieuses.

Le tableau du maître-autel représente **S. Charles portant la communion aux pestiférés de Milan**. Dans le chœur, derrière l'autel, une belle fresque du Guide nous présente le même saint en prière.

Dans les trois chapelles, du côté gauche, on trouve en descendant : les **martyrs Persans**; la **mort de Ste-Anne**, chef-d'œuvre de Sacchi; et le bienheureux **Alexandre Sauli**.

Cette église appartient aux religieux Barnabites.

S. ANGE IN PESCHERIA et **PORTIQUE D'OCTAVIE**. — (Plan H, 7.) — En la quittant, on prend en face, à l'angle de la place, la *via del Pianto*, et on poursuit par la *via della Pescheria*, à l'extrémité de laquelle on trouve, sur la gauche, l'église de SANT' ANGELO IN PESCHERIA, et en face les restes du PORTIQUE D'OCTAVIE, qui formait un grand parallélogramme de 120 m. de long. C'est Auguste qui l'avait fait construire en l'honneur de sa sœur.

On prend ici, en face l'église, un peu à

gauche, la rue qui conduit au pont *de' quattro Capi*, et on arrive à l'île de S.-Barthélemi.

LE GHETTO. — Entre la *ria della Pescheria* et le *Tibre* s'étendait le *Ghetto*, quartier réservé aux Juifs par le pape Paul IV, et que jadis l'on fermait chaque soir. (Il est presque complètement démoli maintenant.) A une époque où les Juifs étaient chassés de partout par les populations et les gouvernements, Rome leur fut toujours ouverte ; et Paul IV, en leur assignant un quartier et en le faisant fermer, avait surtout pour but de les protéger. Quand Pie IX fit enlever les portes du Ghetto et permit aux Juifs de s'établir partout, ils continuèrent d'habiter leur ancien quartier où on pouvait voir leur type bien différent du type italien.

ÉGLISE DE S.-BARTHÉLEMI. — (Plan H. 8.) — A gauche, dans l'île, se trouve l'église dédiée à cet Apôtre. Le tombeau du maître-autel est formé d'une belle urne de porphyre, dans laquelle on conserve son corps ainsi que ceux de Ste Exupérance et de S. Marcellin, qui ont été découverts dans le petit puits qui est devant l'autel.

Cette église a été bâtie sur l'emplacement d'un temple d'Esculape ; on a la preuve du culte qu'on rendait à cette divinité dans les nombreux ex-voto en terre cuite qu'on a découverts en cet endroit.

HOPITAL DES FRÈRES DE S.-JEAN DE DIEU. — (Plan H. 8.) — En face de l'église

S.-Barthélemi se trouve un hôpital dirigé par les Frères de S.-Jean de Dieu, qui remplacent avec avantage les prêtres d'Esculape.

ÉGLISE S.-BENOIT IN PISCINULA. — (Plan II, 8, 9.) — Passant de l'île sur la rive droite du Tibre, par le pont S.-Barthélemi, nous irons tout droit jusqu'à la *ria de' Salumi*; un peu avant d'y arriver, nous trouverons sur la droite la petite église de S.-BENEDETTO IN PISCINULA; c'est là qu'était la maison du père de S. Benoit, dans laquelle le saint habita lui-même pendant sa jeunesse.

La *ria de' Salumi* nous conduit à gauche à celle *de' Vascellari*, où nous tournerons à droite. A l'angle de ces deux rues se trouve la maison où habita et mourut Ste-FRANÇOISE ROMAINE. A la *ria de' Vascellari* fait suite celle de *Santa Cecilia*, qui nous conduira devant l'église de ce nom.

ÉGLISE DE Ste-CÉCILE. — (Plan II, 9.) — Cette église a été bâtie sur l'emplacement de la maison que Cécile habitait avec son époux Valérien (celle des Cecilius étant près du palais Borghèse); elle est précédée d'une grande cour et d'un portique; dans la cour, à droite, on remarque un beau vase en marbre, et, en entrant dans l'église, deux tombeaux à droite desquels est la chapelle du Crucifix.

Dans la nef de droite, on trouve d'abord le passage qui conduit à la salle de bains *(calidarium)*, où Ste Cécile souffrit le martyre. Au dessus de l'autel qui se trouve dans ce pieux sanctuaire, un tableau représente le **martyre de la sainte**. Le *Calidarium* est d'un grand intérêt. La première chapelle de la nef est dédiée à S. André ; dans la deuxième on conserve un très grand nombre de reliques ; la troisième est consacrée à Ste-Madeleine ; et celle du fond à la Ste Vierge ; on y voit un bas-relief du xve siècle, et à côté il y a une fresque représentant Ste Cécile apparaissant au pape Pascal 1er.

Les autels de la nef latérale gauche sont dédiés : le premier à S. Pierre et à S. Paul ; le deuxième à Ste Agathe ; le troisième à S. Benoit ; et le quatrième à S. Laurent et à S. Étienne.

Au fond du chœur, il y a un ancien siège épiscopal qui a été apporté des catacombes.

L'abside est ornée d'une mosaïque remontant à Pascal Ier. Le Christ est au milieu ; S. Pierre est à sa gauche, puis Valérien et Cécile ; à droite, S. Paul, puis Ste Agathe et Pascal Ier.

La Confession est tout en marbres précieux, et elle est surmontée d'un beau baldaquin supporté par quatre colonnes. Sous la confession, dans une crypte, sont les corps des SS. martyrs : Cécile, Vierge ; Valérien, Tiburce et Maxime ; Lucius et Urbain. Sur le devant, dans une niche oblongue, richement décorée, est une statue de la sainte devant laquelle on s'arrête pénétré d'une religieuse admiration. Cette statue représente Ste Cécile telle qu'elle fut trouvée dans son sarcophage de marbre blanc, en 1599.

Il faudrait ici lire les actes de Ste Cécile dans les *Fleurs de la vie des Saints*. Résumons leur récit : « Cécile voua de bonne heure au Christ « sa virginité ; cependant elle fut fiancée à un « jeune noble, nommé Valérien. Le jour des « noces, sous la robe dorée de l'épousée, elle « cachait le cilice qui macérait sa chair...... « Quand elle se trouva seule avec son époux, « elle lui dit : *J'ai un secret à te confier, il faut* « *que tu me jures de le garder*. Valérien le lui « jura. *J'ai*, dit-elle, *pour amant, un ange de* « *Dieu qui garde avec un glaive la virginité de* « *mon corps. — Si tu veux que je te croie*, dit « Valérien, *fais-moi voir cet ange. —* Cécile « dit : *Si tu crois au vrai Dieu et que tu me* « *promettes de te faire baptiser, je te le ferai* « *voir..... Va au 3e mille de la Voie Ap-* « *pienne.....* — Valérien partit donc ; au signe « que lui avait donné Cécile, il reconnut le « vieillard Urbain qui le baptisa. De retour, « Valérien trouva, dans la chambre nuptiale, « l'ange qui s'entretenait avec Cécile ; il avait « à la main deux couronnes faites de roses et « de lis ; il en donna une à Cécile et l'autre à « Valérien, et leur dit : *Gardez ces couronnes,* « *ce sont des roses et des lis du paradis, que* « *j'ai cueillies pour vous. Or toi, Valérien,* « *puisque tu as cru, demande au Seigneur ce* « *que tu voudras. — Je n'ai pas de plus doux* « *ami que mon frère, je demande donc qu'il* « *voie la vérité. —* L'ange répondit : *Ta parole* « *plaît au Seigneur.* — Un instant après, Tiburce « frère de Valérien entra et, après un court « entretien, demanda qu'on le conduisît aussi

« au vieillard Urbain, pour être purifié. A
« partir de ce moment. Valérien et Tiburce
« passaient leur temps à ensevelir les corps
« des martyrs. Almachius les fit traduire de-
« vant son tribunal, et les confia, en attendant
« la sentence, au soldat Maxime, qu'ils con-
« vertirent ainsi que toute sa famille. Valérien
« et Tiburce furent décapités ; Maxime, battu
« de verges, expira sous les coups. Cécile fut
« traduite à son tour devant Almachius. Les
« assistants se pressaient autour du tribunal
« et pleuraient en voyant cette belle jeune
« fille. *O bons jeunes gens*, leur dit Cécile, *ne*
« *pleurez ni sur ma beauté, ni sur ma jeunesse ;*
« *je ne fais que les échanger pour une beauté*
« *plus grande et pour une jeunesse plus du-*
« *rable. Croyez-vous ce que je vous dis ? — Nous*
« *le croyons*, répondirent-ils, et au nombre de
« quarante ils furent baptisés par Urbain. Cé-
« cile, rappelée, répondit au proconsul avec
« une fermeté toute chrétienne. Almachius
« irrité, voulant la faire mourir sans éclat,
« ordonna de la reconduire chez elle, de l'en-
« fermer dans la salle de bains, et de chauffer
« outre mesure pour l'étouffer ; Cécile n'en
« souffrit nullement. Le proconsul envoya
« alors un licteur pour la décapiter dans la
« salle de bains. Au troisième coup, le licteur
« laissa la vierge à demi morte et baignée dans
« son sang, une loi défendant au bourreau de
« frapper plus de trois coups. Cécile resta
« trois jours dans cet état ; le pape Urbain
« étant arrivé, elle lui dit : *Père, j'ai demandé*
« *ce délai de trois jours pour vous remettre*

« *mon trésor; ce sont les pauvres que je nour-*
« *rissais; je vous lègue aussi cette maison que*
« *j'habite, afin que par vos soins elle devienne*
« *un temple du Seigneur.* Et elle rendit l'âme;
« Urbain fit inhumer la sainte dans la cata-
« combe, dans l'attitude où elle avait rendu
« son âme à Dieu, fit installer un oratoire sur
« le lieu de son martyre, et fut lui-même
« martyrisé peu de temps après.

« Le tombeau de la sainte fut d'abord et
« longtemps l'objet d'une grande vénération;
« mais quand les catacombes furent aban-
« données, on finit par oublier l'endroit précis
« où était la tombe de Ste Cécile.

« Pascal Ier ayant fait reconstruire l'église
« élevée sur la maison de la sainte, et voulant
« faire déposer sous l'autel ses dépouilles pré-
« cieuses, ordonna des recherches dans les
« Catacombes. La sainte lui apparut et lui
« révéla le lieu où son corps reposait. Pascal
« fit déposer ses restes précieux dans un sarco-
« phage de marbre blanc; mais, comme
« Urbain, il respecta l'attitude de la sainte.

« En 1599, le cardinal Sfondrato, voulant
« faire déposer sous la Confession de la basi-
« lique de Ste-Cécile de nombreuses et pré-
« cieuses reliques, fit ouvrir la crypte et trouva
« le corps de Ste Cécile dans un sarcophage de
« marbre blanc, tel que les écrits de Pascal Ier
« témoignaient l'y avoir déposé. Le corps se
« trouvait dans une complète intégrité et son
« attitude, toujours la même, retraçait Cécile
« rendant le dernier soupir. »

Ce fut alors que Maderna exécuta la belle

statue en marbre blanc qui fait l'admiration de tous les pèlerins; elle est si frappante de vérité qu'on craindrait en la touchant de faire mal à la Vierge expirante.

On ne s'éloigne qu'à regret d'un lieu si vénérable.

HOSPICE DE S.-MICHEL. — (Plan H. 9, 10.)

Continuant pendant quelques pas la route par laquelle on est venu, on tourne à gauche pour aller jouir de la vue du Tibre et de l'Aventin à *Ripa Grande*. Le grand établissement que l'on a sur sa droite en arrivant au Tibre, et qui s'étend jusqu'aux fortifications, est l'hospice de S.-Michel, qui renferme un hospice de vieillards, un hospice de femmes âgées, une communauté de jeunes gens et une communauté de jeunes filles; cet hospice abrite environ huit cents personnes.

Les jeunes gens, au nombre de deux cent cinquante, y reçoivent tous une bonne instruction primaire et un excellent enseignement professionnel. L'imprimerie de S.-Michel est très remarquable; on admire aussi les produits de ses ateliers de tissage et ses grandes tapisseries de haute lice; enfin, la sculpture, la ciselure, la peinture et la gravure recrutent leurs meilleurs ouvriers dans cette maison d'où sortirent un grand nombre de véritables artistes.

Les jeunes filles, au moins aussi nombreuses que les jeunes gens, y reçoivent une éducation soignée et sont formées aux travaux qui leur conviennent. Les rubans, les soieries et les

broderies de S.-Michel ont une grande réputation.

ÉGLISE DE S. FRANÇOIS A RIPA. —

(Plan 6, 10.) — En suivant *Ripa Grande* et en tournant à droite, à l'extrémité de S.-Michel, on
passe devant la *porta Portese*; on prend ensuite
la *via di porta Portese*, et on arrive à *San-Fran-
cesco a Ripa*.

En entrant dans l'église, on voit à droite un
beau Crucifix dans la première chapelle; dans
la troisième, sous l'autel, le corps de Ste Léonce.
et à côté, sur le mur, la pierre avec laquelle
elle fut martyrisée.

Le tableau du maître-autel représente **S.
François en extase**.

Dans la première chapelle, à gauche, il y a
une belle statue de la B. Louise Albertoni;
dans la deuxième, un tableau de **S. Michel**;
dans la troisième, l'**Annonciation**; dans la
quatrième, l'**Immaculée Conception** et la
Nativité de la Ste Vierge.

Dans le couvent des Frères Mineurs Obser-
vantins, on voit la cellule qu'habita S. François d'Assise, et dans la cellule divers objets lui
ayant appartenu. Dans le jardin du couvent, on
montre un oranger planté par le saint.

ÉGLISE Ste-MARIE DELL'ORTO.—(Plan 6, 9.)

— En quittant cette église, on prend à droite la
via di S^{a}-Maria dell'Orto, qui conduit à l'église
de ce nom; cette église, ainsi nommée d'une
Madone qui avait été peinte sur le mur d'un

jardin et qui fut ensuite transportée ici, est très riche en ornements de toutes sortes; elle appartient à une confrérie de marchands de comestibles.

ÉGLISE DE S.-CALIXTE. — (Plan G. 8. 9.) — On vient alors reprendre, en face S.-Francesco, la *ria di S. Francesco* qui conduit à la place de Sᵗᵉ-Marie du Transtevère. On voit en passant la belle manufacture de tabacs, construite par Pie IX.

Immédiatement avant cette place, on trouve à gauche l'église de S.-Calixte, qui fut bâtie à l'endroit où le saint Pape fut précipité d'une fenêtre et ensuite jeté dans le puits que l'on voit dans l'église.

ÉGLISE Sᵗᵉ-MARIE DU TRANSTEVÈRE. — (Plan F. 8.) — L'église Sᵗᵉ-Marie du Transtevère, qui fut bâtie par S. Calixte en 222, est la première qui ait été élevée en l'honneur de la Mère de Dieu. En cet endroit, sous le règne d'Auguste, au moment de la Naissance de Jésus-Christ, une source d'huile jaillit, pendant un jour. en si grande abondance qu'elle coula jusqu'au Tibre. Les chrétiens, plus tard, virent dans ce fait l'annonce de la naissance du Christ (Christ voulant dire *oint*). et firent l'acquisition de l'emplacement où l'huile avait coulé.

La façade de cette église nous présente une mosaïque du xiiᵉ siècle : la Sᵗᵉ Vierge et l'Enfant Jésus au milieu. les vierges sages et les vierges folles à droite et à gauche. Sous le portique, il y a de nombreuses inscriptions et des peintures. L'intérieur est divisé en trois nefs, par vingt et une colonnes antiques. Le pavé est en marbres précieux, et le plafond a une belle peinture du Dominiquin : l'**Assomption de la S**^{te} **Vierge.**

En entrant, on remarquera à droite un superbe tabernacle sculpté en marbre. L'autel majeur est surmonté d'un baldaquin que soutiennent quatre colonnes de porphyre, et dans la Confession, qui est au-dessous, reposent les corps des SS. Calixte, Jules et Corneille, papes, et des SS. Calepodius et Quirinus.

Tout près de la Confession, au bas des degrés à droite, est une ouverture circulaire avec cette inscription : *Fons olei;* à gauche de la Confession est cette autre inscription : *D'ici l'huile sort quand Jésus naît de la Vierge.*

Au fond de l'abside est un beau siège épiscopal en marbre blanc; au-dessus on lit : *Prima Ædes Deiparæ dicata,* premier temple en l'honneur de la Mère de Dieu. L'abside est ornée de belles peintures et de mosaïques remarquables. Une mosaïque du XIIe siècle nous offre : **Jésus-Christ et la S**^{te} **Vierge,** tous deux assis; d'un côté S. Pierre, S. Corneille, S. Jules et le prêtre Calepodius; de l'autre côté Innocent II, S. Laurent et le pape Calixte. Une autre mosaïque du XIIIe siècle, au-dessus de la première, représente l'**histoire de la S**^{te} **Vierge.**

En montant les degrés à gauche de la Confession, on trouve l'autel de S.-Philippe et de S.-Jacques, érigé par le cardinal Philippe d'Alençon, frère de Philippe-le-Bel. La grande chapelle qui est au fond de la nef est la chapelle du S.-Sacrement; sur l'autel est une vierge miraculeuse, invoquée sous le titre de **Notre-Dame de la Clémence.** Sur les parois, deux fresques représentent, l'une le Concile de Trente, l'autre Pie IV approuvant les actes du Concile.

Dans la nef de droite se trouve une chapelle semblable à cette dernière; elle est consacrée à la **Madone di Strada Cupa.** Sous l'autel de cette chapelle reposent les corps de plusieurs saints.

En descendant les degrés, près de la Confession, sur la gauche, on trouve une porte de sortie; on prend ensuite un peu à gauche, la rue qui passe devant l'église S.-ŒGIDIUS et la *ria della Scala* qui lui fait suite; on arrive ainsi devant la *porta Settimiana.* Sans passer cette porte, on prend à gauche la *ria di Garibaldi,* qui conduit sur le Janicule à S.-Pierre in Montorio.

Cette rue est un souvenir des fêtes du Centenaire de S. Pierre en 1867, Sa Sainteté Pie IX l'ayant fait construire pour cette circonstance.

En arrivant sur la place *di San Pietro in Montorio,* à droite on voit une grille; c'est là qu'après 1870 on fit transporter les restes de ceux qui périrent en 1849, en combattant contre l'armée française, venue pour rétablir sur son trône le grand Pontife Pie IX.

La vue dont on jouit du Janicule est magnifique; c'est de là qu'on peut le mieux se familiariser avec la topographie de Rome.

ÉGLISE S.-PIERRE IN MONTORIO. —

(Plan F, 9.) — Ce qui rend surtout le Janicule célèbre et vénérable pour le chrétien, c'est le martyre de S. Pierre qui eut lieu sur cette colline. Sur la place qui est devant l'église de S.-Pierre in Montorio, Pie IX voulait faire élever une colonne monumentale comme souvenir du Concile du Vatican ; mais après 1870, Sa Sainteté dut faire arrêter les travaux commencés, et la colonne s'élève aujourd'hui dans la cour du Belvédère au Vatican.

La première chapelle de droite nous offre une belle peinture : **Jésus à la colonne** ; dans la deuxième, on vénère une Madone sous le vocable **della Lettera**.

Après la troisième chapelle s'ouvre une porte qui conduit au cloître, au milieu duquel est l'endroit du crucifiement de S. Pierre. Le petit temple qui s'élève sur cet emplacement, et que les artistes regardent comme un chef-d'œuvre, est l'œuvre de Bramante ; il a été construit, ainsi que l'église, aux frais de l'Espagne. Dans la partie inférieure, on montre l'endroit précis où fut placée la croix du Prince des Apôtres.

Rentrés dans l'église, nous voyons, à l'autel suivant, un tableau représentant la **Conversion de S. Paul.**

Le maître-autel, avant les tristes journées de 1849, avait une image miraculeuse ; elle disparut à cette époque et le cadre est resté vide.

A l'autel du chœur, le tableau représente le **Crucifiement de S. Pierre** ; il y a remplacé le chef-d'œuvre de la peinture, la **Transfiguration**, de Raphaël. Enlevée par les Français en

1797, cette célèbre peinture fut plus tard remise à Pie VII; aujourd'hui elle est conservée dans le Musée du Vatican.

La chapelle suivante, sous le vocable de S.-Jean-Baptiste, nous offre le **baptême de Notre Seigneur**; et la deuxième une belle **Déposition**; les deux autels qui suivent sont consacrés à Ste Anne et à S.-François d'Assise, et près de l'entrée, on voit l'autel des Stigmates de S. François.

FONTAINE PAULINE. — (Plan E, 9.) — Sortis de l'église, nous reprendrons la rue à droite, qui nous conduira à la fontaine Pauline. Ce fut Trajan qui, dans le principe, dota Rome de cette eau abondante; l'aqueduc étant tombé en ruines, Paul V le rétablit, d'où lui est venu le nom de Fontaine Pauline.

PORTE S.-PANCRACE. — (Plan E, 9.) — Ici nous sommes tout près de la porte *S.-Pancrace*, à côté de laquelle l'artillerie française ouvrit une brèche en 1849. C'est là que Garibaldi et Mazzini avaient établi leur quartier général; c'est sur ce point que le général Oudinot concentra tous ses efforts. Le tir fut dirigé avec tant de précaution et de précision que l'église S.-Pierre in Montorio est le seul monument de Rome qui fut sérieusement endommagé pendant le bombardement de la ville (1).

(1) Près de la porte *S.-Pancrace*, à une petite distance des fortifications, se trouve la *Villa Pamphili*, une des plus belles de Rome; elle appartient à la famille Doria.

De la fontaine Pauline, on redescend par la *via di Garibaldi*, ou bien par celle *di san Pancrazio* qui abrège, et on revient à la *porta Settimiana*.

PALAIS CORSINI. — (Plan F. 7¹.) — De l'autre côté de la porte, à gauche, s'élève le beau palais Corsini, qui renferme une galerie de peintures dans laquelle on voit un certain nombre de très bonnes toiles. Il y a aussi une bibliothèque très riche en manuscrits et en ouvrages précieux, et une des collections de gravures les plus complètes. En outre, à ce palais sont joints de très beaux jardins, qui s'étendent sur les flancs du Janicule.

Rentrant par la *porta Settimiana*, on continue par la *via Sª Dorotea* et celle de *San Gioranni della Malva* qui conduisent au *Ponte Sisto*; le nom de ce pont lui vient du pape Sixte IV qui le fit reconstruire au XVᵉ siècle.

Après avoir passé le pont, on continue par la *via de' Pettinari* et on prend à gauche la *via Capo di ferro*, qui débouche sur la place Farnèse près du palais de ce nom. Cette place est ornée de deux belles fontaines alimentées par l'*acqua Paolina*.

PALAIS FARNÈSE. — (Plan G, 7¹.) — Le palais Farnèse, qui est un des plus beaux et des plus majestueux de Rome, appartenait au roi de Naples, François II; en 1874, la France l'a acheté pour y installer son ambassade auprès du Roi d'Italie.

ÉGLISE S.-JÉROME DE LA CHARITÉ. —

(Plan 6, 7.) — A l'entrée de la *ria di Monserrato*, qui commence à l'angle du palais Farnèse, se trouve l'église S. Jérôme de Monserrat ou de la Charité.

Dans les premiers siècles de l'Église, au temps de S. Damase, l'endroit où est ce sanctuaire était la demeure de Ste Paule, et S. Jérôme y fut reçu par cette sainte femme.

Au xvie siècle, S. Philippe de Néri y habita pendant trente-trois ans, et y fut visité par S. Ignace, par S. Charles Borromée, par S. Camille de Lellis. Il y accomplit de nombreux miracles. On conserve avec une grande vénération les chambres du couvent où habita le S. Apôtre, et des plaques commémoratives rappellent tous les pieux souvenirs qui se rattachent à ce grand saint.

ÉGLISE DE Ste-BRIGITTE. — (Plan 6, 7.) —

A droite de la personne qui regarde le palais Farnèse se trouve la petite église de Ste-Brigitte, à côté de la maison occupée par l'illustre princesse pendant son séjour à Rome. On y conserve le Christ dont elle faisait usage et la chambre qu'elle habita.

Du palais Farnèse, en traversant la place par le milieu, nous arrivons à une autre place : *il Campo di Fiori*, où on élève un monument à la mémoire du misérable Giordano Bruno. Traversant cette place, en appuyant à gauche, nous arriverons au palais de la Chancellerie et à S.-Laurent in Damaso.

PALAIS DE LA CHANCELLERIE. — (Plan

G. 6e.) — Ce palais compte parmi les plus remarquables de Rome; on admire surtout ses
portiques intérieurs. Comme le palais Farnèse,
il a été construit avec des matériaux pris dans
les décombres du Colisée. En 1848, il fut le siège
de la Constituante romaine, et c'est en montant
l'escalier de ce palais que le courageux de
Rossi fut lâchement assassiné.

ÉGLISE S.-LAURENT IN DAMASO. — (Plan

G. 6.) — L'église S.-Laurent in Damaso, dont
la façade se confond avec celle du palais de la
Chancellerie, fut fondée par le pape S. Damase,
d'où lui vient son nom; mais plus tard elle
fut reconstruite.

Dans la nef latérale droite, on remarque un
Crucifix qui a parlé à Ste Brigitte; il est dans la
chapelle du chœur. Dans la sacristie, qui est
près du monument du ministre de Rossi, est
une belle statue de S. Charles Borromée.

En prenant à gauche en sortant de l'église,
on tombe sur le *Corso Vittorio Emannele* qui
conduit (en tournant à gauche) à la Chiesa
Nuova.

LA CHIESA NUOVA, OU Ste-MARIE IN

VALLICELLA. — (Plan F, 6.) — Cette église est
sous le vocable de *Ste-Marie in Vallicella*; ce
nom lui vient de ce qu'en cet endroit il y avait
autrefois une petite vallée, dans laquelle fut
construite la première église. C'est S. Philippe
de Néri qui fit bâtir le somptueux monument

que nous admirons, et on l'appela alors la *Chiesa Nuova*.

Elle est à trois nefs : les peintures de la voûte et celles des bras de la croix représentent des faits de l'Ancien et du Nouveau Testament. Celles de la voûte rappellent le fait suivant : Une image de la Vierge était peinte sur un mur, le long de la *via della Stufa*; un joueur furieux lui lança une pierre en blasphémant; le sang ayant jailli de l'Image, la dévotion des fidèles obtint qu'elle fût transporté dans l'église, où elle est sur le maître-autel.

Ce maître-autel est très beau; le tabernacle, qui est d'une grande richesse, est surmonté d'un Christ miraculeux. Dans le sanctuaire, on admire trois magnifiques toiles de Rubens; celle du milieu représente la Ste Vierge.

Les chapelles de la nef de droite sont : 1° celle du Crucifix; 2° celle de la Déposition de la Croix, avec une belle copie du chef-d'œuvre de Michel-Ange; 3° celle de l'Ascension; 4° celle de la Descente du S.-Esprit; 5° celle de l'Assomption; 6° celle du Couronnement de la Ste Vierge; dans la septième un tableau représente la Ste Vierge, S. Ignace et S. Charles Borromée.

A gauche du maître-autel est la chapelle de S. Philippe de Néri, qui est d'une richesse extraordinaire. Les peintures rappellent divers faits de la vie du saint, dont le corps repose sous l'autel. Son portrait, qui est sur l'autel, est en mosaïque.

Les autres chapelles sont : 1° celle de la Présentation de la Ste Vierge; 2° celle de l'Annonciation ; 3ᵉ celle de la Visitation ; 4° celle de l'Adoration des Bergers ; 5° celle de l'Adoration des Mages ; 6° celle de la Purification, et chacune est ornée d'un beau tableau représentant le mystère.

Cette église est une des plus fréquentées de Rome, parce que le souvenir de S. Philippe de Néri est toujours vivant parmi la population. Aussi conserve-t-on avec une grande vénération : 1° dans la sacristie, de nombreux objets lui ayant appartenu, et 2° dans le couvent, les chambres qui furent habitées par ce saint apôtre. Il y a deux pièces au rez-de-chaussée et deux au premier étage ; mais ce sont ces dernières qui sont les plus intéressantes.

Ce couvent, où S. Philippe a établi la Congrégation des Oratoriens, est occupé depuis 1870 par divers tribunaux. La bibliothèque de ce couvent est une plus riches de Rome ; le gouvernement s'en est emparé.

PLACE NAVONE. — (Plan G, 6.) — Prenant derrière la *Chiesa Nuova* la *ria del Governo vecchio,* on arrive, en laissant à droite le grand palais Braschi, à la *piazza Navona.*

Cette place, la plus grande de Rome après celle de S.-Pierre, s'appelle officiellement *il Circo agonale* ; elle est ornée de trois belles fontaines.

On voit sur la droite l'église S.-JACQUES DES ESPAGNOLS, qui appartient aux Missionnaires du Sacré-Cœur d'Issoudun.

ÉGLISE DE Sᵗᵉ-AGNÈS. — (Plan G, 6¹). — On

trouve, en face de la fontaine du milieu, l'église
de Ste-Agnès qui, avec le collège voisin, appartient au prince Doria Pamphili. Cette église est
d'une grande richesse ; elle a été bâtie sur le lieu
du martyre de la jeune vierge. Ce fut à l'âge de
treize ans que la jeune Agnès remporta la palme
du martyre. Le fils du proconsul s'étant épris de
sa beauté, Agnès rejeta toutes ses propositions.
Le proconsul voyant son fils malade, et attri-
buant sa maladie aux refus d'Agnès, fit mander
la jeune vierge ; mais il trouva en elle cette
fermeté héroïque qu'inspire la foi chrétienne.
Il la fit alors conduire dans un lieu infâme et
dépouiller de ses vêtements ; mais voici que les
cheveux d'Agnès poussèrent miraculeusement
et l'enveloppèrent comme d'un manteau. Le fils
du proconsul étant arrivé près d'elle fut frappé
de mort. Sur la demande du père, Agnès pria
pour cet infortuné qui ressuscita et confessa le
Christ. Les prêtres des idoles ameutèrent alors
le peuple contre la jeune vierge et le proconsul, nouveau Pilate, n'eut pas le courage de
la délivrer. Elle fut jetée sur un bûcher, mais
les flammes la respectèrent et ordre fut donné
à un licteur de l'égorger.

Huit jours après, elle apparut à sa famille
ayant à ses côtés un agneau d'une grande
blancheur, et fit part aux siens du bonheur dont
elle jouissait. C'est en souvenir de ce fait que
chaque année, à sa fête, on bénit de petits
agneaux dont la laine sert à confectionner les
palliums des archevêques.

On voit dans la première chapelle, à gauche
en entrant, un bas-relief représentant S. Eus-

tache livré aux lions ; dans la deuxième, une statue de S. Sébastien ; dans la troisième, le martyre de Ste Cécile ; à l'autel principal, la Ste Vierge avec plusieurs saints ; dans la première chapelle à droite, le martyre de Ste Emerentienne ; dans la deuxième, Ste Agnès au milieu des flammes ; et dans la troisième, la mort de S. Alexis. Ces représentations sont des bas-reliefs.

Entre ces deux dernières chapelles est l'escalier qui conduit au souterrain ; au détour de l'escalier, une fresque nous montre Ste Agnès gardée par un ange. A l'endroit où elle fut exposée, un bas-relief nous la présente miraculeusement couverte de ses cheveux. Les deux petites pièces qui sont au fond sont l'une la prison d'Agnès, l'autre le lieu où elle fut mise sur le bucher et égorgée.

En continuant le long de la place, du côté de Ste Agnès, on passe non loin des églises de S^a Maria dell'Anima et de S^a Maria della Pace, qui se trouvent sur la gauche, en face la troisième fontaine. Dans la seconde, il y a de très belles peintures de Raphaël et au maitre-autel une Vierge miraculeuse que l'on dit peinte par S. Luc.

On quittera la place par la rue qui est à l'extrémité, dans l'alignement des fontaines ; cette rue débouche sur la *place de S.-Apollinaire.* On tournera à droite par la *ria delle Copelle* et on trouvera sur la gauche l'église de S.-Augustin.

ÉGLISE DE S.-AUGUSTIN. — (Plan G, 5.) —
Cette église est la première qui ait été construite à Rome avec une coupole ; elle est à trois
nefs. En entrant, on trouve la **Madone del
parto** qui est l'objet d'une très grande dévotion ;
elle est couverte d'ex-voto et entourée de nombreuses lumières. Il y a toujours un grand nombre de fidèles qui prient devant cette statue.

Le cinquième autel, dans la nef à droite, est
dédié au Crucifix ; il est célèbre par les fré-
quentes visites de S. Philippe de Néri ; l'autel
du bras droit du transept est consacré à S. Augustin et le tableau du saint est du Guerchin.
Sur le maître-autel est une Madone miraculeuse qui fut apportée de Constantinople ; la
chapelle suivante renferme sous l'autel, dans
une urne de vert antique, le **corps de S^te Mo-
nique** ; dans le bras gauche de la Croix, la chapelle Pamphili est richement décorée ; et enfin
le tableau de la dernière chapelle à gauche est
de **Michel-Ange**.

Il reste à remarquer au troisième pilier de
gauche le **prophète Isaïe**, de Raphaël. C'est
une très belle fresque mais qui est en mauvais
état.

Le couvent des Augustins, qui est contigu à
cette église, est devenu le ministère de la ma-
rine ; et la bibliothèque angélique, qui compte
150,000 volumes et près de 3,000 manuscrits,
est passée également entre les mains du nouveau gouvernement.

Sorti de l'église, on continuera à gauche, puis

à droite par la *via della Scrofa*, et en quelques minutes on arrivera à S.-Louis des Français.

S.-LOUIS DES FRANÇAIS. — (Plan G. 6.) —

Cette église, qui est à trois nefs, a été construite en 1589, aux frais de Catherine de Médicis.

La deuxième chapelle, à droite, est dédiée à Ste Cécile; le Dominiquin a peint dans cette chapelle divers traits de la vie de la sainte, et on peut voir sur l'autel une magnifique copie de la Ste-Cécile de Raphaël. La troisième chapelle est consacrée à Ste-Jeanne de Valois, et le tableau du maître-autel représente l'**Assomption de la très Ste Vierge**.

Dans la première chapelle, à gauche, le tableau de S. Mathieu est de Michel-Ange. Dans la deuxième, on remarquera le monument de *Georges de Pimodan*, mort à Castelfidardo à la tête de l'infanterie pontificale. Un autre monument, élevé dans cette église, rappelle aux prières de tout visiteur chrétien les Français morts en 1849 pendant le siège de Rome.

On peut terminer ici les visites de cette journée, d'où il sera facile à chacun de rejoindre son quartier en se reportant aux itinéraires de la première et de la deuxième journées.

Les personnes logées à la place d'Espagne pourront cependant prendre à gauche la *via della Scrofa* jusqu'à la *via Fontanella di Borghèse* (à droite) par laquelle elles arriveront tout droit à la *Piazza di Spagna*.

CINQUIÈME JOURNÉE

S.-Pierre. — Le Vatican.

Pour se rendre au pont S.-Ange et à la place S.-Pierre :

Les personnes logées près de S.-Jean de Latran gagneront la *place de Venise,* prendront la *via del Plebiscito,* le *corso Vittorio Emanuele,* la *piazza dell' Orologio* et la *via de' Banchi Nuori* qui les conduira au pont S.-Ange.

Les personnes logées près du Forum Trajan gagneront également la *place de Venise,* etc.

Les personnes logées près de S.-Louis des Français prendront la *via della Scrofa,* tourneront à gauche par la *via delle Copelle,* continueront par la *via de' Coronari,* et par celle *di Panico* qui aboutit au pont S.-Ange.

*Les personnes logées à la place d'Espagne pren-
dront* la *ria Condotti,* la *ria Fontanella di
Borghèse,* la *ria del Clementino,* la *ria Monte
Brianzo,* la *ria di Tordinona* et arriveront à la
place du Pont-S.-Ange.

LE PONT-S.-ANGE. — (Plan F. 5.) — Ce pont
est le plus beau de Rome; il fait communiquer
la ville proprement dite avec le *Borgo,* ou
quartier du Vatican. C'est l'empereur Ælius
Adrianus qui le fit construire, pour donner
accès au mausolée qu'il s'était fait élever sur
la rive droite du Tibre, d'où lui est venu le
nom de *pons Ælius,* qu'il porta longtemps; on
lui donna ensuite le nom de pont S.-Pierre, et
enfin celui de pont S.-Ange, à cause de l'apparition d'un ange au dessus du mausolée, sous
le pontificat de S. Grégoire le Grand. C'est
Clément IX, au xvii° siècle, qui le fit orner de la
balustrade que l'on voit encore, et de dix statues
d'anges portant les instruments de la Passion.
Celles de S. Pierre et de S. Paul qui sont à la
tête du pont y avaient été placées antérieure-
ment.

**MAUSOLÉE D'ADRIEN OU CHATEAU S.-
ANGE.** — (Plan F. 4. 5.) — L'empereur Adrien fit
élever ce mausolée afin que ses cendres y fussent
conservées, ainsi que celles de ses successeurs.
Il voulut qu'il surpassât en magnificence tout
ce qu'on avait vu jusque-là. Ce monument se
composait d'un soubassement massif quadran-
gulaire de 104ᵐ de côté, surmonté d'une haute
tour à trois étages en retraite l'un sur l'autre;

la hauteur totale était de 60 à 70ᵐ, et le monument se terminait par une voûte hémisphérique sur laquelle se trouvait la pomme de pin que l'on voit encore au Vatican. Il était extérieurement revêtu de marbres, de colonnes, de statues. Aujourd'hui il ne reste que le premier étage dépouillé de ses ornements. L'entrée, qui était en face le pont, a été murée en 1825 et remplacée par une autre qui est à droite.

L'ange de bronze qui le surmonte rappelle le miracle qui eut lieu pendant la procession, ordonnée par S. Grégoire, pour obtenir la cessation de la peste.

Au moyen âge, le mausolée d'Adrien fut converti en forteresse, et les diverses factions qui ensanglantèrent Rome s'y établirent successivement. Quand les papes en furent maîtres, ils le firent communiquer avec le Vatican et augmentèrent ses moyens de défense.

Les gardiens ne manquent pas de faire visiter le cachot de *Béatrice Cenci*, et souvent ils se permettent des réflexions sévères pour ses juges. Ils oublient de dire que cette infortunée avait tué son père, et que ses juges ne lui appliquèrent même pas dans toute sa rigueur la loi contre les parricides.

HOPITAL DU S.-ESPRIT. — (Plan E. 5). — Après le pont, on continue à gauche par la *place du Plébiscite* ou *place Pia)*; on se trouve bientôt en face de trois rues; la première à gauche, le *Borgo San Spirito*, longe l'hôpital de ce nom. Ce vaste établissement comprend d'abord une partie pour les hommes malades; les salles sont admirablement aménagées et contiennent mille six cent seize lits. En été, on y reçoit parfois jusqu'à deux mille malades à la fois, et alors le Commandeur du S.-Esprit fait installer des lits jusque dans ses appartements; les directeurs de nos hôpitaux laïcisés en feraient-ils autant?

Une autre partie est réservée aux enfants trouvés. Cette fondation date de 1201, c'est à dire que, pour cette œuvre charitable, Rome a devancé Paris de quatre cents ans. Les enfants sont reçus dans un tour; quand, à vingt ans, les garçons quittent l'hospice ou leurs familles adoptives, ils reçoivent dix écus (53 fr. 50), afin de ne pas se trouver de suite sans ressources; quand les filles sortent pour se marier ou entrer en religion, on leur remet cent écus (535 fr.) comme dot. Celles qui restent à l'hospice constituent le CONSERVATOIRE DU S.-ESPRIT, et s'occupent de travaux à l'aiguille, de broderies, de confection d'ornements d'église; un certain nombre vieillissent et meurent dans ce pieux asile.

Il y a près de l'hospice du S.-Esprit un asile d'aliénés, que Pie IX a fait construire, et qui peut recevoir quatre cents malades.

La deuxième rue qui part de la *piazza Pia* est celle de *Borgo Vecchio*, et la troisième celle de *Borgo Nuoro*; c'est cette dernière que l'on prend de préférence pour se rendre à S.-Pierre.

ÉGLISE Ste-MARIE TRASPONTINE. — (Plan E, 5.) — Bientôt on rencontre, sur la droite, l'église Ste-Marie Traspontine, qui appartient aux Carmes.

La première chapelle à gauche, consacrée à Notre-Dame des Sept-Douleurs, renferme une **Pieta** qui est en grande vénération. Sous l'autel reposent les corps des SS. Basilide, Tripodius et Magdalon. La troisième chapelle est dédiée à S. Pierre et à S. Paul ; à gauche est la colonne à laquelle S. Pierre fut attaché pendant qu'on le flagellait, et à droite, celle de S. Paul.

Sur le maître-autel est une image de la Ste Vierge, que les Carmes apportèrent d'Orient quand, au XIIIe siècle, ils quittèrent ce pays pour échapper à la mort.

Quelques pas plus loin on se trouve sur la place *Scossa Caralli*, et on a à sa droite le palais Giraud, qui appartient à la famille Torlonia ; il est remarquable par son architecture.

ÉGLISE S.-JACQUES SCOSSA CAVALLI. — (Plan E. 5.) — Sur cette place se trouve l'église *S.-Jacques Scossa Caralli*. Ce nom vient de ce que Ste Hélène, faisant transporter à la basilique de S.-Pierre diverses reliques, entre autres la pierre du sacrifice d'Abraham et celle de la Présentation de l'Enfant Jésus, les chevaux qui les portaient refusèrent d'avancer, et on fut obligé de les déposer en ce lieu ; l'église qu'on bâtit pour les recevoir reçut le nom de *Scossa Caralli*.

Reprenant la *ria di Borgo Nuoro*, on arrive à la place Rusticucci qui a 80ᵐ de long et précède immédiatement celle de S.-Pierre.

PLACE DE S.-PIERRE. — (Plan D, 5.) — La place de S.-Pierre est d'un grand effet ; elle est de forme elliptique, mesure 239ᵐ73 suivant la ligne des fontaines, et 196ᵐ dans l'autre sens. Si on ajoute à cette longueur l'espace qui la sépare de la basilique et les 80ᵐ de la place Rusticucci, on a une longueur totale d'environ 400ᵐ.

La **colonnade**, qui entoure les deux côtés de la place, est l'œuvre du Bernin, qui la fit exécuter en dix ans ; elle se compose de deux cent quatre-vingt-quatre colonnes colossales et de quatre-vingt-huit pilastres, formant trois galeries, dont celle du milieu est assez large pour permettre à deux voitures de passer de front. La colonnade est surmontée de cent quatre-vingt-douze statues de saints de 3ᵐ75. La dépense fut de 4,547,000 fr.

La colonnade se raccorde avec la basilique au moyen de deux galeries montantes, à pilastres.

Le milieu de la place est occupée par un obélisque de 40ᵐ90 (du sol au sommet de la Croix). Il fut dressé ici sous Sixte V, par Fontana, qui employa cent quarante chevaux et huit cents hommes pour ce travail. Le jour de l'érection, après une messe solennelle, Sixte-Quint bénit l'architecte et les travailleurs. Il y avait peine de mort pour quiconque élèverait la voix pendant l'opération. Mais au moment décisif, les cordages allongés par ce poids énorme ne permettaient pas à l'obélisque d'atteindre le piédestal ; alors un homme cria du milieu de la foule anxieuse : *De l'eau aux cordages*. Sixte-Quint accorda une récompense à cet homme et le privilège, que sa famille conserve encore, de fournir les palmes à S.-Pierre pour le dimanche des Rameaux.

A droite et à gauche de l'obélisque s'élèvent deux très belles fontaines. lançant une gerbe d'eau de 6m50.

Aux deux angles du large escalier, qui conduit de la place à la basilique. sont deux statues colossales de S.-Pierre et S.-Paul.

BASILIQUE DE S.-PIERRE. — (Plan C. 5.) —

Les restes du Prince des Apôtres. martyrisé sur le Janicule, furent transportés dans les grottes vaticanes, et vingt-trois ans après son martyre, le pape Anaclet lui éleva un oratoire en ce lieu. Nous avons vu que pendant quelque temps ces restes précieux furent conservés dans les catacombes de S.-Sébastien. Plus tard Constantin fit construire, à la place de l'oratoire d'Anaclet, une basilique qui exista jusqu'au xve siècle.

La basilique actuelle fut commencée en 1450 et consacrée en 1626 ; pendant ce temps, seize architectes y travaillèrent, modifiant souvent les plans les uns des autres, et les dépenses s'élevèrent à près de 250,000,000 de francs.

S.- Pierre est la plus grande église du monde ; elle a une superficie intérieure de 21,192 mètres carrés; sa longueur également dans œuvre est de 187m50 (1).

Quand on s'avance vers la basilique, on voit diminuer la coupole, au lieu de la voir grandir; cela tient à la façade qui, en masquant le tambour de la Coupole, empêche l'œuvre de Michel-Ange d'apparaître dans toute sa grandeur. Il en est de même des grandes colonnes de la façade, dont les piédestaux semblent trop peu élevés au visiteur qui gravit les premiers degrés de l'escalier.

Façade de la Basilique. — La façade est l'œuvre de Maderna; elle a 123m de large et 50 de haut. Elle présente un attique supporté par quatre pilastres et huit colonnes de trois mètres de diamètre, et est surmontée d'une balustrade et de treize statues (Notre Seigneur et les douze apôtres), de 5m70 de haut.

Cinq portes donnent accès sous le portique; au-dessus de l'entrée principale est la loggia d'où le Pape, avant 1870, donnait la bénédiction le Jeudi Saint et le jour de Pâques, aux fidèles réunis sur la place.

Le Portique. — Le portique a 142m60 de long et 15m26 de large. À l'une des extrémités, on voit la statue équestre de Constantin, et à

(1) Voici les longueurs des plus grandes églises après S.-Pierre : S.-Paul de Londres, 158m; le Dôme de Florence, 149m; le Dôme de Milan, 135m; S.-Pétronio de Bologne, 132m; S.-Paul-hors-les-Murs, 127m; Ste-Sophie de Constantinople, 109m.

l'autre celle de Charlemagne. Au-dessus de l'entrée principale, en tournant le dos à la basilique, on remarque la célèbre mosaïque, la **Barque de S. Pierre**. En face de cette mosaïque, un bas-relief représente Notre Seigneur donnant à S. Pierre les clefs, symbole de l'autorité qui lui est confiée.

Intérieur de la Basilique. — Cinq portes font communiquer le portique avec l'intérieur de la basilique. Celle de droite est murée ; c'est la *Porte Sainte* qu'on n'ouvre que pour le Jubilé ; celle du milieu est en bronze.

Quand on pénètre dans cette vaste basilique par une des trois portes qui donnent accès dans la grande nef, on éprouve généralement une déception. — On avait cru S. Pierre plus grand. — Cette déception n'est pas de longue durée quand on se rend compte de quelques détails. Mgr Luquet *(Guide chrétien dans Rome)*, trouve avec raison que : « *C'est une faute immense, car le génie ne consiste pas à produire un effet médiocre avec de grands moyens, mais au contraire à produire un grand effet avec des ressources médiocres.* »

La nef principale. — La hauteur de cette nef est de 45^m47 et sa largeur de 25^m25 ; elle est séparée des nefs latérales par six pilastres, non compris ceux de la coupole. Aux deux premiers pilastres sont les bénitiers, vastes coquilles en marbre, soutenus par des anges qu'en entrant on prendrait pour de jeunes enfants, et qui mesurent au moins deux mètres.

Sur le devant de chacun de ces pilastres, il y a les statues colossales (4m85) des fondateurs d'ordres.

A gauche : S. Pierre d'Alcantara, S. Camille de Lellis, S. Ignace de Loyola, et au pilier de la coupole, S. François de Paule.

A droite : Ste Thérèse, S. Vincent de Paul, S. Philippe de Néri; devant le pilastre de la coupole se trouve la statue de S. Pierre, faite avec le bronze de la statue de Jupiter Capitolin. On croit qu'elle fut érigée par S. Léon, en actions de grâces de la retraite d'Attila. Les fidèles ne visitent point la basilique vaticane sans baiser le pied de cette statue. Au-dessus on voit le portrait de Pie IX, exécuté en mosaïque, et placé en cet endroit à l'occasion de la vingt-cinquième année de son pontificat.

La Coupole. — La coupole, sous laquelle se trouve la Confession, est supportée par quatre pilastres et quatre grands arcs; elle a 42m20 de diamètre et 117m de hauteur jusqu'à la voûte; la croix s'élève à 137m. Chacun des pilastres a 71m de circuit et porte dans une niche, en face de la Confession, une statue de 5m; les deux de droite sont S. Longin et Ste Hélène, les deux de gauche S. André et Ste Véronique. Au-dessus de ces statues, il y a quatre grands balcons d'où se fait l'ostension des grandes reliques. Au dessus de la statue de Ste Hélène, on conserve le **chef de S. André**, et au-dessus de celle de Ste Véronique, le **S. Suaire (Volto santo)**, le **fer de la lance de S. Longin**, et la relique de la **vraie Croix**.

Au-dessus des balcons, on voit quatre grands médaillons en mosaïque représentant les quatre évangélistes ; ils ont 7^m, et la plume de S. Luc a 2^m ; sur la frise, au bas de la coupole, on lit l'inscription : *Tu es Petrus et super hanc petram*....., les lettres ont 2^m de haut.

Le Maitre-Autel. — Sous la coupole est le maitre-autel, ou autel papal, sur lequel le Pape seul dit la messe les jours de grandes fêtes. Cet autel s'élève au-dessus du tombeau de l'apôtre S. Pierre ; il est surmonté d'un riche baldaquin haut de 29^m et supporté par quatre colonnes torses, en bronze doré. Ce bronze du baldaquin vient du Panthéon.

La Confession. — La Confession est au-dessous du maitre-autel. C'est là que repose le corps vénéré de S. Pierre ; on y descend par un double escalier de dix-sept degrés ; le haut est entouré d'une balustrade en marbre, garnie de lampes nombreuses toujours allumées. Entre l'autel et l'endroit où repose le corps de S. Pierre, on conserve dans un espace fermé les palliums, en attendant qu'ils soient envoyés aux archevêques. La statue qui occupe le milieu au bas de l'escalier représente Pie VI ; elle est l'œuvre de Canova.

Chaire de S.-Pierre. — En continuant, dans l'abside, on voit à droite les statues d'Elie, de S. François de Sales, de S. François Caracciolo et de S. Dominique, et à gauche celles de S. Benoît, de Ste Françoise Romaine, de S. Alphonse de Liguori et de S. François d'Assise. Au fond de l'abside est un grand autel, et au-dessus de l'autel un grand monument en bronze doré : c'est la Chaire de S. Pierre ; elle est soutenue par quatre Docteurs de l'Eglise, S. Augustin, S. Jérôme, S. Athanase et S. Jean Chrysostome, et surmontée d'une gloire au milieu de laquelle apparaît le S.-Esprit. Cette chaire, en bronze doré, est un reliquaire dans lequel on conserve la véritable chaire de S. Pierre, le trône épiscopal du Prince des apôtres, que l'on croit être la chaise curule du sénateur Pudens.

Près de la Chaire de S. Pierre sont deux tombeaux : à droite celui d'Urbain VIII, à gauche celui de Paul III.

Nef latérale de droite. — Passant dans la nef de droite, nous trouvons, dans le pilastre de la coupole, l'autel de S.-PIERRE ET DE TABITHA, avec tableau en mosaïque.

En face est le tombeau de Clément X ; les deux statues représentent la **Clémence** et la **Bonté.**

Au fond de la nef, autel de *Ste-Pétronille* ; la mosaïque de cet autel, qui représente l'exhumation de la sainte en présence d'un jeune homme qui avait voulu l'épouser, passe pour la plus belle de S. Pierre.

L'autel suivant est dédié à *S.-Michel* ; la mosaïque reproduit le beau tableau du Guide. Le tombeau, qui est en face le pilastre, est celui de Clément XIII ; les lions de Canova sont connus de tout le monde.

En face est l'autel de la *Navicella* : mosaïque : S. Pierre sur le point d'être submergé est secouru par Notre Seigneur.

Dans le bras de la croix, en commençant par le pilastre de la Coupole, statues de S. Bruno et de S. Joseph Calasanz, puis autels de S. Erasme, des SS. *Processe* et *Martinien*, et de S. *Wenceslas*, avec mosaïques ; et enfin statues de S. Jérôme Emilien et de S. Gaëtan.

Continuant la nef, au dessous du bras de la Croix, nous voyons adossé au pilier de la Coupole *l'autel de S. Basile*, orné d'une mosaïque, et en face le superbe tombeau de Benoit XIV ; les statues représentent la **Science** et la **Charité**. Devant le pilastre de la coupole, autel de S. Jérôme, copie en mosaïque de la dernière Communion de S. Jérôme.

La chapelle qui suit est la CHAPELLE GRÉGORIENNE construite par Grégoire XIII. L'autel de cette chapelle est très riche en marbres précieux ; on y vénère la **Madonna del Soccorso** ; au dessous de cet autel, dans une urne de granit, sont les restes de S. Grégoire de Nazianze.

Au-dessus d'un passage qui conduit dans la chapelle du S. Sacrement est le tombeau de Grégoire XVI : statues la **Prudence** et la **Sagesse**. Dans la nef même, en passant à la chapelle suivante, on voit à gauche le tombeau de Grégoire XIII, et à droite, celui de Grégoire XIV. Cette chapelle, dite du S. SACREMENT, est magnifique : l'autel principal est surmonté d'un tabernacle très remarquable, et d'une mosaïque représentant la Ste Trinité. A gauche de cet autel est une porte qui conduit de la basilique au Vatican.

L'autre autel de cette chapelle est consacré à S. Maurice, et orné d'une copie en mosaïque de la **Descente de Croix**, de Michel-Ange. Le tombeau en bronze qui est devant cet autel est celui de Sixte IV.

On rencontre ensuite le tombeau d'Innocent XII et celui de la princesse Mathilde, et on entre dans la chapelle de S.-Sébastien, dont l'autel nous offre la copie en mosaïque du **martyre du saint.**

Les deux tombeaux suivants sont ceux de Léon XII et de Christine de Suède.

La dernière chapelle de cette nef, dite de la PIÉTA, est consacrée à Notre-Dame des Sept-Douleurs. Le groupe de la Vierge, recevant sur ses genoux le corps de son Divin Fils, est un des plus beaux travaux de Michel-Ange. Cette chapelle donne accès à deux autres plus petites : à droite celle de la COLONNE, ainsi nommée de la colonne à laquelle Notre Seigneur se serait appuyé lorsqu'il discuta dans le Temple, avec les docteurs de la loi; et à gauche, celle du Crucifix, qui renferme deux autels, dont l'un est surmonté d'un crucifix en bois, très vénéré, datant du XIIe siècle, et l'autre d'une mosaïque représentant S. Nicolas de Bari.

Nef latérale de gauche. — Dans la nef de gauche, on trouve d'abord, en face de la chapelle de la Piétà, celle des FONTS BAPTIS-

MAUX, dans laquelle on remarquera le vase en porphyre qui contient l'eau baptismale, et trois belles mosaïques.

On verra ensuite dans la nef deux tombeaux : celui des derniers Stuarts par Canova, et en face celui de Clémentine Sobieski, reine d'Angleterre. La porte, qui est près de ce dernier, conduit à la partie supérieure de la basilique; la pente est telle qu'on peut y monter à cheval.

Suit la chapelle de la PRÉSENTATION, avec une belle mosaïque. En quittant cette chapelle, on voit à droite le tombeau d'Innocent VIII avec les quatre vertus cardinales et les trois vertus théologales; si le Pontife a une lance à la main, c'est pour rappeler que Bajazet II lui remit la Lance qui perça le côté de Notre Seigneur. En face est l'urne dans laquelle on dépose les restes du dernier pape décédé.

La chapelle suivante est celle où le Chapitre de S.-Pierre officie tous les jours; elle est fermée par une magnifique grille en bronze. On y remarque un bel orgue, de nombreuses mosaïques, et entre autres le tableau de l'Immaculée Conception. Sous l'autel est le corps de S. Jean Chrysostome.

On passe entre le tombeau d'Innocent XI à droite, et celui de Léon XI à gauche; au premier, un bas-relief représente Vienne délivrée des armées turques, et au second, un autre bas-relief rappelle l'abjuration d'Henri IV.

Suit la chapelle *Clémentine*, bâtie par Clément VIII. Un miracle de S. Grégoire-le-Grand est représenté en mosaïque au-dessus de l'autel sous lequel on conserve le corps de ce saint.

Au pilier de la coupole, en face de la nef, se trouve l'autel de la TRANSFIGURATION avec la reproduction en mosaïque du chef-d'œuvre de Raphaël.

En tournant autour de ce même pilastre, on trouve l'autel des SS. PIERRE ET ANDRÉ, avec la reproduction en mosaïque de la **punition de Saphire et d'Ananie.**

En face de cet autel se trouvent l'entrée de la sacristie et le tombeau de Pie VIII.

Dans le bras de la croix, on voit, au premier pilastre de la coupole, la statue de S. Jean de Dieu, puis en tournant à gauche, celle de S. Pierre Nolasque; viennent ensuite : l'autel des STIGMATES DE S. FRANÇOIS, avec une mosaïque représentant S. François soutenu par un ange pendant son extase; l'autel du **Cruci-fiement de S. Pierre,** avec la reproduction en mosaïque du tableau du Guide; sous l'autel on conserve les corps de S. Simon et de S. Jude; l'autel de S. Thomas, avec une mosaïque : **S. Thomas approchant le doigt de la plaie du Sauveur;** la statue de S. Norbert, et au pilastre de la coupole, celle de Ste Julienne de Falconiéri.

Autour de ce même pilastre, on voit, dans la nef latérale, l'autel de S. Pierre et de S. Paul, avec un tableau sur ardoise, la **chute de Si-mon le magicien.** Vis à vis se trouve le tombeau d'Alexandre VII, et sous une draperie en marbre que relève la Mort, une porte de sortie dite de Ste-Marthe.

En continuant, on voit à gauche l'autel de la *Madone de la Colonne*, et dans le fond de la nef, l'autel consacré à S. Léon-le-Grand; il est surmonté d'un magnifique bas-relief : **S. Léon arrêtant Attila,** et renferme le corps du saint. En se rapprochant de l'abside, on a sur sa gauche le tombeau d'Alexandre VIII et en face, adossé au pilastre de la coupole, l'autel de S. Pierre et de S. Jean, avec une mosaïque : **S. Pierre guérissant un estropié à la porte du Temple.**

Si l'on contourne ce pilastre, on trouve, sous la statue de Ste-Véronique, l'entrée des cryptes vaticanes.

Souterrains ou Cryptes vaticanes. — On arrive d'abord aux *cryptes nouvelles,* où se trouvent plusieurs chapelles, et en particulier celle qui est dans l'endroit le plus vénérable de la Basilique, c'est à dire dans le lieu où repose le corps de S. Pierre.

Les cryptes anciennes s'étendent sous la basilique, et se composent de trois nefs qui renferment de nombreux tombeaux; leur sol est le sol de l'ancienne basilique.

Sacristie. — C'est Pie VI qui a fait construire cette sacristie monumentale. On voit à l'entrée la statue de S.-Pierre et celle de S.-Paul, et au milieu de la galerie qui y conduit celle de S-.André.

La sacristie se divise en trois parties : 1° La sacristie commune; 2° celle des chanoines; 3° celle des bénéficiers. La sacristie commune, qui est au milieu, est formée d'une grande salle octogonale, à coupole, et ornée de huit colonnes provenant de la villa Adriana. A gauche est la sacristie des chanoines, entourée d'armoires en beau bois du Brésil; elle comprend en outre une chapelle avec une belle S⁺ᵉ **Famille**, et une salle capitulaire avec des sièges également en bois du Brésil, et des peintures très remarquables du Giotto. La sacristie des bénéficiers est à droite; on y voit une belle peinture représentant **Notre-Seigneur qui donne les clefs à S. Pierre.**

On peut sortir de la sacristie sur la place de ce nom, ou passer par la basilique pour arriver, par la place S.-Pierre, à l'entrée principale du Vatican *(Il portone di bronzo)*, qui se trouve à l'extrémité de la colonnade.

LE PALAIS DU VATICAN. — Que de pensées, que de sentiments éveille ce nom dans l'esprit et le cœur d'un chrétien! Quel but se proposent les nombreux voyageurs qui se rendent chaque année dans la Ville Éternelle? Aller au Vatican, s'agenouiller aux pieds d'un Vieillard, entendre la vérité qui sort de sa bouche et recevoir sa bénédiction.

Autrefois en ce lieu, le démon rendait des oracles: *Vaticinia*; certains savants prétendent que le mot *Vatican* n'a pas d'autre origine. L'Église, qui a reçu mission de combattre le démon, l'a attaqué dans les endroits mêmes qui semblaient ses plus redoutables forteresses: C'est le Panthéon consacré à S⁺ᵉ *Marie des Martyrs*; c'est le temple de Jupiter-Capitolin, sur l'emplacement duquel s'élève l'église de

Ste-Marie in Ara Cœli; c'est le Vatican, où s'élève le plus beau temple de la chrétienté, en l'honneur de celui à qui Notre Seigneur a dit : *Tu es Petrus.... et portæ inferi non prævalebunt*; le Vatican, où le successeur de S. Pierre a établi sa résidence; le Vatican, d'où il répand sur le monde entier ses oracles infaillibles; le Vatican, où l'homme trouve la Voie qu'il doit suivre, la Vérité qu'il aime, la Vie heureuse à laquelle il aspire.

Le palais du Vatican, qui s'élève à côté de S.-Pierre, est le palais le plus vaste du monde; vers l'an 500, les Souverains Pontifes avaient certainement une habitation en ce lieu; mais ce ne fut qu'au xve siècle, après le retour des papes d'Avignon, que commencèrent les grandes constructions actuelles.

Le palais du Vatican est à trois étages, et renferme une infinité de salles, de galeries, d'escaliers; d'après Bonanni, il aurait 13.000 pièces; Bædeker et la plupart des auteurs ne lui en donnent que 11.000. Ce qui lui manque c'est une façade en rapport avec son étendue; extérieurement le Vatican n'est qu'une réunion d'édifices irréguliers.

Première entrée. — On entre par la *portone di bronzo*, et aussitôt après le corps de garde des Suisses, on trouve sur la droite un escalier construit par Pie IX *(scala Pia)*, qui conduit à la cour S.-Damase.

N
S

C
Rez-de-Chaussée.
Cour St Damase

A

B

Arrivée par la Scala pia

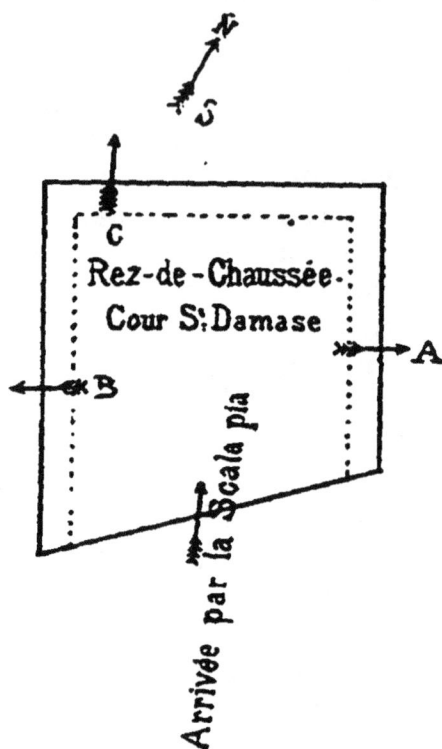

Dans cette cour, l'aile que l'on a sur sa droite renferme un grand et bel escalier A, qui donne accès aux appartements du Pape ; sur la gauche, un escalier B conduit au premier étage des loges, et en face, un autre escalier C permet d'arriver à tous les étages.

Deuxième entrée. — On entre par la *portone di bronzo*, et on monte l'escalier royal *(scala regia)*, par lequel on arrive à la *salle royale*.

Troisième entrée. — En montant l'escalier royal, on passe par une porte pour prendre l'escalier de droite; au premier étage, on trouve une porte de la chapelle Sixtine, désignée par un écriteau; c'est aujourd'hui l'entrée ordinaire des visiteurs de la chapelle.

Quatrième entrée. — En continuant ce même escalier jusqu'au deuxième étage (soixante-trois degrés), on arrive à une porte blanche: c'est l'entrée nouvelle des chambres et loges de Raphaël et de la Pinacothèque.

Cinquième entrée. — On fait le tour de la basilique du côté de la sacristie; arrivé en face le portail qui donne accès dans le Vatican, on tourne à gauche, le long des jardins, et on continue jusqu'à la porte qui est sous la salle de la Bige *(della Biga)*; cette porte, à laquelle il faut sonner, est l'entrée nouvelle des musées; elle donne accès dans la salle de la *croix grecque*, (musée *Pio-Clementino)* et à la bibliothèque.

Sixième entrée. — Le portail en face duquel on a tourné à gauche, dans la cinquième entrée, conduit dans la cour S.-Damase, près de l'escalier B. (Ce portail est ordinairement fermé.)

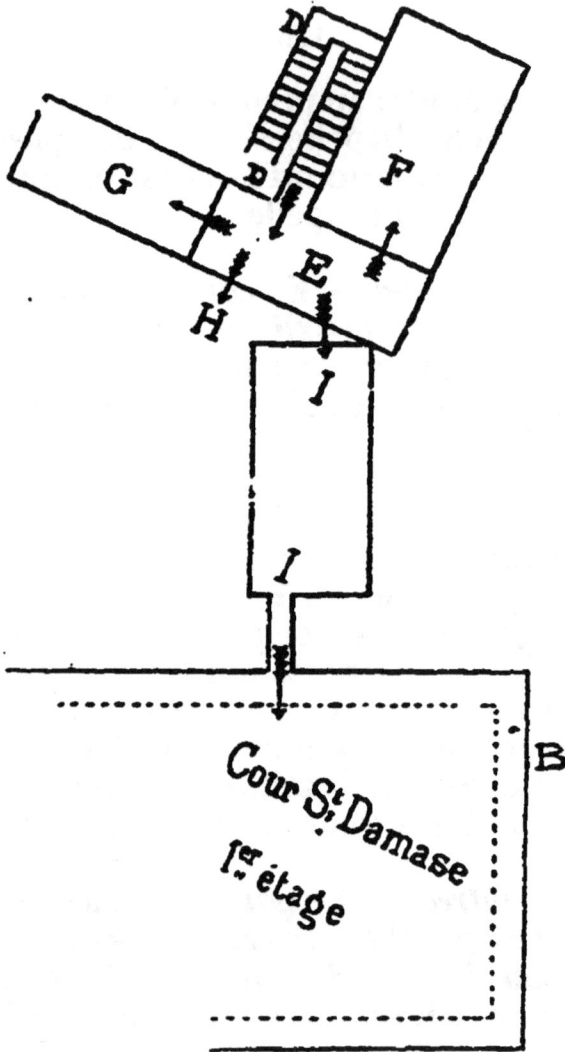

DD. Scala Regia. — E. Salle Royale. — F. Chapelle Sixtine. — G. Chapelle Pauline. — H. Galerie allant sur la colonnade. — I. Salle Ducale.

Salle royale. — (Nous y arrivons par la première entrée ou par la seconde.) Cette salle sert de vestibule aux deux chapelles pontificales ; elle est ornée de statues et de fresques, et des inscriptions indiquent les sujets de ces peintures.

Chapelle Pauline. — Son nom lui vient de Paul III qui la fit construire ; elle renferme deux fresques de Michel-Ange. La **Conversion de S. Paul** et le **Crucifiement de S. Pierre.**

Cette chapelle, qui est l'église du palais apostolique, sert le premier dimanche de l'avent, pour l'Exposition des quarante heures ; elle est alors, ainsi que le jeudi saint, admirablement illuminée.

Chapelle Sixtine. — La chapelle Sixtine a été édifiée par Sixte IV ; elle a 40ᵐ50 de long, sur 14ᵐ de large.

Les peintures des murailles latérales représentent, à droite l'histoire de Moïse, et à gauche celle de Notre Seigneur.

Le plafond a été peint par Michel-Ange. Les cinq premiers sujets, à partir de l'autel, nous montrent Dieu créant le monde, et dans les quatre suivants on voit successivement la chute d'Adam et d'Eve et leur expulsion du paradis, le sacrifice de Noé, le déluge, et l'ivresse de Noé.

Le même artiste a peint, sur les pendentifs de la voûte, cinq prophètes et cinq sibylles, et au commencement de la voûte, au dessus de l'autel, le prophète Jonas avec un prodigieux effet de perspective.

Sur la paroi du fond, au dessous de Jonas, est le *Jugement dernier*, chef-d'œuvre de Michel-Ange. En haut, à droite et à gauche, des anges portant les instruments de la Passion. Au milieu Notre Seigneur condamnant les pécheurs. Au dessous à gauche, les apôtres et les martyrs ; à droite, la Ste Vierge et les justes. Plus bas au milieu, un groupe d'anges ; à gauche, des damnés ; à droite, des élus. En bas, à gauche, damnés qui vont en enfer, et la barque de Caron qui les y transporte. Enfin à droite, des morts qui ressuscitent.

Différentes causes ont beaucoup altéré l'éclat de ces magnifiques peintures, qui excitent l'admiration sans porter à la piété.

Les cérémonies de la semaine sainte se font dans cette chapelle.

Salle Ducale. — La salle Ducale, qui est aussi appelée salle du consistoire, fut bâtie par le Bernin. C'est dans cette salle que les papes autrefois donnaient audience aux princes.

LOGES DE RAPHAEL. — Si nous continuons par le corridor qui est au fond de la salle Ducale, nous arrivons au premier étage des loges de Raphaël, sur la cour de S.-Damase.

Ces loges ou galeries, qui ont trois étages, s'étendent sur trois côtés de la cour de S.-Damase ; elles furent construites sur les dessins de Bramante et de Raphaël, par ordre de Jules II et de Léon X. Primitivement elles étaient ouvertes, mais Pie VII et Pie IX les ont fait vitrer pour protéger les peintures.

Premier étage. — Les peintures de la galerie de gauche ont été exécutées par Jean d'Udine, sur les dessins du maître ; celles des deux autres galeries sont dues à d'autres artistes.

En suivant la galerie de Jean d'Udine jusqu'au fond, on trouve la grille du Musée ; on franchit cette grille, et au commencement de l'autre galerie on voit une porte ouverte ; elle donne sur un escalier C, qui conduit aux autres étages.

Deuxième étage. — Les peintures de la galerie de gauche ont été dessinées par Raphaël et exécutées par lui-même et par ses élèves. Celles des deux autres galeries ont moins de valeur ; Pie IX a fait restaurer ces deux galeries avec beaucoup de magnificence.

La galerie de Raphaël se compose de treize arcades, et chaque arcade contient quatre tableaux.

PREMIÈRE COUPOLE, La création (1) ; — 2me, l'homme, la chute : — 3me, le déluge : — 4me, Abraham ; — 5me, Isaac ; — 6me, Jacob : — 7me, Joseph : — 8me, Moïse libérateur : — 9me, Moïse législateur : — 10me, les Israélites entrant dans la Terre promise : — 11me, David ; — 12me, Salomon ; — 13me Jésus-Christ.

Les arabesques qui ornent ces galeries sont très remarquables et attirent l'attention des artistes.

(1) La première coupole seule a été peinte par Raphaël.

Troisième étage. — Les trois galeries du troisième étage, qui ont été peintes par ordre de Grégoire XIII, n'ont rien de remarquable; il suffira d'y jeter un coup d'œil en entrant dans la galerie des tableaux dont la porte s'ouvre dans la deuxième galerie, à côté de l'escalier.

Galerie de tableaux ou Pinacothèque. — Cette galerie ne renferme que quarante-six tableaux : mais ce sont presque tous des chefs-d'œuvre ; nous allons indiquer les plus remarquables : le plan ci-joint permettra de les trouver de suite, s'ils n'ont pas été changés de place ; en tout cas le sujet et l'auteur sont indiqués sur chaque tableau. (Les numéros du plan indiquent la place du tableau.)

15, *Vision de S. Romuald,* André Sacchi ; — 18, *La Ste Vierge,* Guido Reni ; — 24, *Martyre de S. Erasme,* Le Poussin ; — 25, *Crucifiement de S. Pierre,* Guido Reni ; — 36, *La Vierge,* Le Titien : — 37, *La Transfiguration,* Raphaël ; 38, *La Vierge de Foligno,* Raphaël ; — 39, *La Communion de S. Jérôme,* Le Dominiquin ; — 41, *Les trois Saints,* Le Perugin.

On remarquera aussi un tableau moderne de Fracassini : *Les Martyrs japonais.*

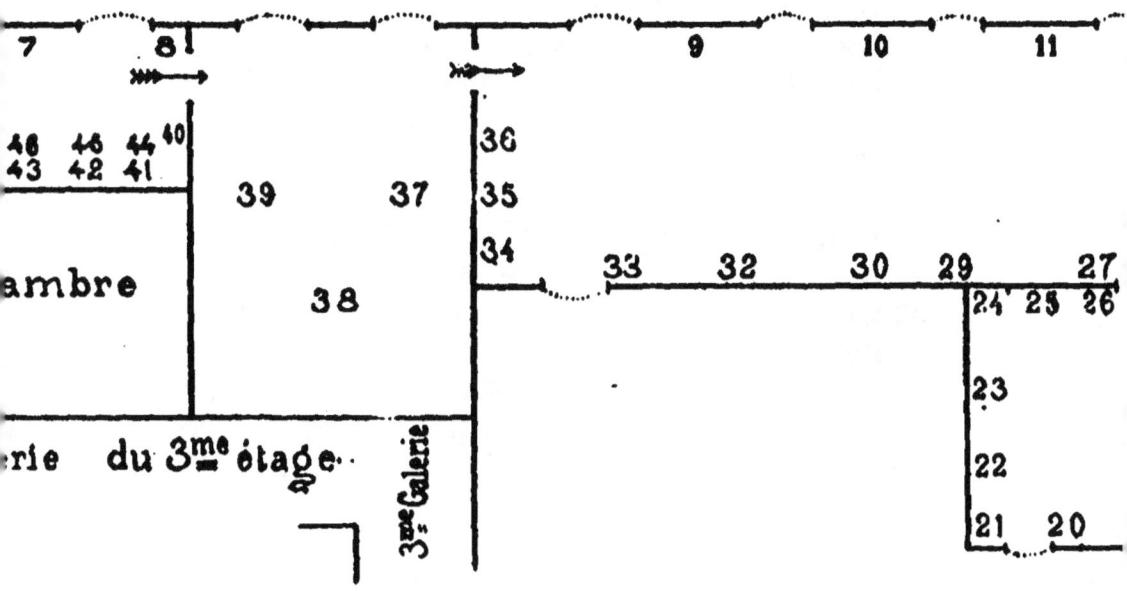

CHAMBRES DE RAPHAEL. — En redescendant au deuxième étage des *loges,* on trouve de suite, à droite, l'entrée aux chambres de Raphaël.

La première est la *chambre dite de Constantin* ; avant de la visiter, passons dans la pièce à gauche où se trouve l'entrée de la petite chapelle de Nicolas V, dédiée à S.-LAURENT; les fresques admirables de cette chapelle sont de *Fra Angelico* ; elles représentent surtout divers faits de la vie de S. Laurent et de S. Étienne.

Chambre de Constantin. — Raphaël mourut avant de l'avoir terminée. Le grand panneau en face des fenêtres représente la **Victoire de Constantin sur Maxence;** celui qui est à gauche de l'entrée, **l'apparition de la Croix;** celui qui est en face **son baptême;** et le quatrième la **donation** qu'il fit à S. Silvestre, **de la souveraineté de Rome.**

Chambre d'Héliodore. — Cette chambre a été peinte en grande partie par Raphaël lui-même. A gauche en entrant, **Héliodore chassé du Temple;** le grand prêtre est encore en prière, et déjà le profanateur est puni. Ce tableau est une allusion flatteuse à la part que Jules II avait prise à la délivrance du patrimoine de S. Pierre. La deuxième fresque représente le **miracle de Bolsena;** un prêtre doutait de la présence de Jésus-Christ dans l'Eucharistie; Dieu permit que le sang coulât sur le corporal pendant qu'il disait la messe. En face est S. Pierre délivré de sa prison. Cette peinture présente trois scènes dont chacune est éclairée par une lumière différente. La quatrième paroi nous présente **Attila arrêté par S. Léon,** sous les traits de Léon X : Attila épouvanté à la vue de l'apparition, et ses guerriers saisis de frayeur, contrastent avec le calme du Pontife.

Chambre de l'École d'Athènes. — Toute cette salle a été peinte par Raphaël, et les peintures dont elle est ornée représentent la **Théologie,** la **Philosophie,** la **Jurisprudence** et la **Poésie.**

A gauche, en entrant, la PHILOSOPHIE connue sous le nom d'*Ecole d'Athènes.* Platon et Aristote dominent ; ce sont les maîtres de la Philosophie grecque ; Socrate à côté s'entretient avec Alcibiade ; Pythagore est entouré de ses élèves ; Zoroastre et Ptolémée représentent l'astronomie ; on remarque encore Diogène couché, Archimède, Pyrrhon qui symbolise le doute.

La THÉOLOGIE ou **dispute du S.-Sacrement** : En haut l'Eglise du ciel, la Ste Trinité ; à droite de Jésus-Christ, la Ste Vierge ; à sa gauche, S. Jean-Baptiste ; un peu au-dessous en allant de gauche à droite S. Pierre placé sur le rocher, Adam, S. Jean, David, S. Etienne, S. Laurent, Moïse, S. Jacques, Abraham et S. Paul. Au-dessous, l'Eglise de la terre unie à celle du ciel, par l'adorable Eucharistie qui est le centre de la vie chrétienne. A gauche, S. Jérôme et S. Grégoire ; à droite, S. Ambroise et S. Augustin, qui dicte à un jeune homme; entre S. Ambroise et l'autel, Pierre Lombard; derrière S. Augustin, S. Thomas d'Aquin, le pape Anaclet, S. Bonaventure et le pape Innocent III; la dernière figure à gauche est Fra Angelico.

Sur la troisième muraille est la POÉSIE ou le PARNASSE : Apollon assis sous des lauriers est entouré des neuf muses. A droite et à gauche, Raphaël a groupé les principaux poètes de l'Italie et de la Grèce, entre autres, le vieil Homère, Dante et Virgile. Cette peinture est pleine de charme et de poésie.

Comme le PARNASSE, la JURISPRUDENCE est au dessus d'une fenêtre; les figures allégoriques de la **Prudence**, de la **Force** et de la **Modération**, se trouvent en haut; aux côtés de la fenêtre, on voit Justinien donnant les Pandectes à Tribonien, et Grégoire IX remettant les Décrétales à un avocat consistorial.

Chambre de l'incendie du Borgo. — En entrant dans la chambre suivante, on voit, au-dessus de la fenêtre, S. Léon III se justifiant devant Charlemagne; sur la muraille en face, l'incendie du Borgo activé par un violent ouragan; le pape Léon IV l'éteint par un signe de croix. On admire le mouvement et la vie qui règnent dans cette composition.

Sur la troisième muraille est la victoire remportée par Léon IV sur les Sarrasins, à Ostie; le pape, sous les traits de Léon X, prie sur le rivage.

La quatrième muraille nous présente Léon III

couronnant Charlemagne. C'est en souvenir de
l'alliance de Léon X avec François Ier que
Raphaël a choisi ce sujet.

Outre les sujets mentionnés ici, et qui sont
les principaux, il y a dans les chambres de
Raphaël un grand nombre de peintures moins
importantes, mais qui sont de très grande
valeur.

Chambre de l'Immaculée-Conception. —
De cette chambre on passe dans une grande
salle que Pie IX a fait décorer en souvenir de
la définition du Dogme de l'Immaculée-Conception. Sur la grande muraille, **Proclamation
du Dogme à S.-Pierre;** toutes les figures sont
des portraits; le rayon lumineux qui éclaire le
visage du S. Père est historique. Sur la muraille, en face de l'entrée, **Discussion du
Dogme;** sur la muraille, du côté de l'entrée,
**Couronnement de la Madone du Chapitre de
S.-Pierre;** enfin la fresque qui est entre les
deux fenêtres représente l'**Église qui enseigne
tous les peuples de la terre.**

Il faut d'ici redescendre au premier étage
des loges pour visiter le *Musée du Vatican;* le
plus court est de traverser de nouveau les
chambres de Raphaël et de prendre l'escalier
connu C.

REMARQUE. — S'il y avait trop d'encombrement, on pourrait sortir par l'entrée ordinaire
des visiteurs (quatrième entrée), descendre
soixante-trois degrés et passer par la chapelle
Sixtine, la salle Royale et la salle Ducale.

MUSEE DU VATICAN. — Le Musée du Vatican est le plus vaste et le plus riche du monde ; il se compose : 1° du Musée lapidaire ; 2° du musée Chiaramonti ; 3° du Braccio Nuovo ; 4° du musée Pio-Clémentino, auxquels il faut ajouter la bibliothèque et diverses galeries. La galerie dans laquelle nous entrons a 290ᵐ.

Musée lapidaire. — Les murailles de cette partie sont couvertes d'inscriptions anciennes ; la paroi de droite et à peu près le tiers de celle de gauche sont occupées par la partie païenne ; la partie chrétienne occupe le reste, mais un musée chrétien dans la galerie parallèle, en face, renferme bien des richesses.

Outre les inscriptions, il y a dans cette galerie un grand nombre d'objets antiques, provenant presque tous de sépultures. Les inscriptions et objets chrétiens en grande partie ont été tirés des catacombes.

C'est à Pie VII que l'on doit cette magnifique collection.

Une grille sépare cette galerie du musée Chiaramonti ; un peu avant cette grille, une porte sur la gauche donne accès à la Bibliothèque.

Bibliothèque. — C'est à Sixte-Quint que l'on doit le bâtiment actuel où elle est installée ; fondée par Nicolas V, elle a été l'objet de la sollicitude de tous ses successeurs. Elle renferme environ 60,000 volumes imprimés, et 30,000 manuscrits en langues orientales, grecque et latine.

La grande Salle a 70ᵐ16, sur 15ᵐ58, elle est

garnie d'armoires qui renferment les volumes
et les manuscrits. Elle donne à son extrémité.
sur une immense galerie. La *partie de droite*,
qui contient diverses bibliothèques, dont s'est
enrichi le Vatican, se termine par un musée
profane, objets et ustensiles en bronze, etc.
C'est à l'extrémité de cette galerie qu'est maintenant l'entrée ordinaire des visiteurs. (Voir
cinquième entrée.)

La *partie gauche* de la galerie renferme
d'abord des manuscrits, puis des plans, le
musée chrétien, collection très remarquable, le
cabinet des papyrus, la *salle des peintures byzan-
tines*, la *chambre des noces Aldobrandines*, le
cabinet des sceaux antiques, le *cabinet des mé-
dailles*.

Entre l'extrémité de cette galerie et l'entrée
du musée se trouvent les appartements Borgia.

Revenant sur nos pas et traversant de nouveau
la grande salle de la bibliothèque, nous entrons
à gauche dans le musée Chiaramonti.

Musée Chiaramonti et Braccio Nuovo. —
A l'entrée du musée Chiaramonti s'ouvre à
gauche le *Braccio Nuovo* (aile nouvelle). Ces
deux parties sont dues à Pie VII, qui donna à
la première le nom de sa famille (Chiaramonti),
et fit construire la seconde.

Commençons par la gauche la visite du
Braccio Nuovo, et citons seulement quelques
statues parmi ces richesses artistiques :

Dans la cinquième niche, **Auguste**, don de
Pie IX. Au milieu, un très beau vase en basalte.

Dans l'hémicycle, statue colossale du **Nil avec seize enfants,** symbole de la fertilité qu'il produit par les seize coudées de sa crue; n'oublions pas la très belle mosaïque **les Centaures et les Lapithes.**

Au fond, le **Coureur.** En revenant par l'autre côté, dans la huitième niche, belle petite statue de **Faune.**

Rentrons dans le musée *Chiaramonti;* dans cette galerie qui a plus de 100ᵐ, on ne sait que citer, parce que, comme dans les autres parties, tout est remarquable.

A gauche : 182, un autel; — 229, deux têtes de Silène; — 372, bas-relief grec; — 416, buste d'Auguste (jeune); — 494, Tibère; — 495, Cupidon bandant son arc; — 513, A. Tête de Vénus; — 644, Femmes dansant; — 729, un beau torse.

A droite : 176, une fille de Niobé; — 498, Fileuse endormie.

Jardin della Pigna et jardins du Vatican. — Ici, à gauche, se trouve la porte qui conduit au jardin della Pigna et aux grands jardins du Vatican. Maintenant elle est ordinairement fermée.

Musée Pio-Clementino. — Cette partie du musée du Vatican est ainsi appelée des Papes Clément XIV et Pie VI, qui en ont acquis les pièces les plus importantes. De plus, Pie VI a fait bâtir la plupart des magnifiques salles où sont installées des richesses artistiques, supérieures à ce que nous avons vu dans les deux parties précédentes.

Le musée Pio-Clementino comprend tout ce qui suit, à l'exception du **Musée Étrusque**, de la **Galerie des Arazzi** et de la **Galerie des Cartes Géographiques**.

Vestibule carré. — Un escalier de quelques marches conduit au vestibule carré; au milieu est le célèbre **Torse de Belvédère**, et derrière, le Sarcophaque de Scipion Barbatus.

Vestibule rond. — Au milieu, beau bassin de marbre violet. Du balcon on a une très belle vue.

Chambre de Méléagre. — Suit la chambre de Méléagre, qui tire son nom de la fameuse statue qu'elle renferme.

Cour octogone du Belvédère. — Retournant dans le Vestibule rond, on trouve un passage qui conduit dans la Cour octogone du Belvédère. Cette cour est entourée d'un portique et de quatre cabinets qui renferment les chefs-d'œuvre les plus remarquables de la sculpture:

Premier cabinet. — La statue de Persée et celle des deux lutteurs, par Canova.

Deuxième cabinet. — Le Mercure ou Antinoüs du Belvédère, statues de Bacchus et d'Hercule.

Troisième cabinet. — Le groupe de Laocoon.

Quatrième cabinet. — L'Apollon du Belvédère, statues de Pallas et de Vénus victorieuse.

Sous les portiques, il y a de très beaux sarcophages et bas-reliefs.

A la suite est la salle des animaux.

Salle des animaux. — Cette salle renferme un grand nombre d'animaux, la plupart modernes; c'est une très belle collection. Tournant à droite. nous remarquerons spécialement : 104. aigle et singe ; — 108, taureau et ours; 116. deux levriers ; — 133, un petit lion ; — 134, hercule et le lion de Némée ; — 138, Centaure. (*Ici est l'entrée de la* **Galerie des statues** *et la* **Salle des bustes** *dont il vaut mieux faire le tour de suite.*)

Galeries des statues. — On remarquera sur la *droite* : 250. Génie du Vatican ; — 259. Minerve Pacifère ; 264. Apollon (Praxitèle) ; — 265. Amazone ; — 271. Posidippe.

Sur la *gauche* : — 414. Ariane endormie ; — 406. Satyre de Praxitèle ; — 395. Apollon citharède ; — 393. Pénélope ; — 390. Ménandre.

Salle des bustes. — Dans la niche au milieu, une belle statue de Jupiter.

Cette salle donne sur une galerie. d'où on a une très belle vue sur Monte-Mario et la vallée du Tibre; par cette galerie on parvient au cabinet des Masques. ordinairement fermé.

Cabinet des Masques. — Ce cabinet tire son nom d'une belle mosaïque antique qui en couvre le sol.

Salle des animaux (suite.) — Rentrant dans la salle des animaux. on continue sur sa *droite*.

139, Commode à cheval (statue antique avec un cheval ferré); — 164, un cerf abattu par

des chiens ; — 172 : — 173 ; — 193 : — 195 ;
— 208.

Chambre des Muses.—Cette salle, qui est
séparée de la cour octogone par la salle des
animaux, a été construite par Pie VI ; le pavé
est en mosaïques anciennes, et les colonnes sont
ornées de chapiteaux provenant de la villa
Adriana. L'Apollon, et sept des neuf muses
qui l'accompagnent, proviennent aussi de Ti-
voli. Outre ces statues, on voit dans cette salle :
505, Démosthène : — 515, Socrate : — 517,
Thémistocle.

Salle ronde. — On passe de la Chambre
des Muses dans la salle ronde. Cette salle a été
bâtie par Pie VI ; son sol est couvert d'anciennes
mosaïques.

Au milieu est un magnifique bassin de porphyre. Nous citerons le n° 539, tête de Jupiter,
la plus remarquable que l'on connaisse ; —
544, hercule colossal, dit hercule Mastaï (don
de Pie IX).

Salle à Croix grecque. — La salle ronde
communique avec la salle à Croix grecque, qui
fut également construite par Pie VI. La porte
de sept mètres de haut est magnifique ; le pavé
est formé d'antiques mosaïques. On remarquera surtout, n° 566, le sarcophage de Ste-Constance, et 589, celui de Ste-Hélène, que Pie IV
fit restaurer et dont la restauration coûta près
de 500,000 fr. ; — 574, une Vénus, et 600, une
statue couchée du Tigre.

Musée égyptien. — Vis à vis cette statue est l'entrée du *Musée égyptien*, fondé par Pie VII et continué par Grégoire XVI ; il se compose d'une dizaine de salles renfermant des statues de différents personnages de l'Egypte, des divinités, des momies, des objets divers, et des manuscrits sur papyrus.

Sortant par la porte par laquelle on est entré, et montant l'escalier à côté, on arrive à la *salle de la Bige* (della Biga).

Salle de la Bige. — Cette salle a été, comme les précédentes, édifiée par Pie VI. En son milieu, n° 623, on voit un magnifique char à deux roues (biga). On remarquera encore, 608, Sardanapale ; — 612, une statue voilée, et 615, 618, deux discoboles.

Musée étrusque. — En sortant de la salle de la Bige, et en montant au palier suivant, on trouve l'entrée du musée étrusque, placé au-dessus du musée égyptien ; fondé par Grégoire XVI et enrichi par Pie IX, il se compose d'une dizaine de salles renfermant un grand nombre d'objets en terre cuite, de vases peints, de coupes remarquables par le fini du travail et l'élégance des formes. Dans un salon à part, on a rassemblé, avec quelques autres curiosités étrusques, les objets en bronze, en argent, et en or, et cette collection est d'un grand intérêt.

En redescendant au palier de la salle de la

Bige, et en continuant tout droit, on entre dans la galerie des candélabres.

Galérie des Candélabres. — Cette galerie, fondée par Pie VI, a près de 100 mètres; elle est divisée en six travées :

Première travée : n° 19, enfant : — 31, 35, candélabres.

Deuxième travée. — 74, Satyre arrachant une épine; — 93, 97, Candélabres; — 119, Ganymède.

Il y a d'autres beaux candélabres et des sarcophages remarquables.

En continuant de suivre cette galerie, on entre dans la première partie de la galerie des Arazzi.

Galerie des Arazzi. — Cette galerie renferme les belles tapisseries des Gobelins, que Léon X fit dessiner par Raphaël, et exécuter à Arras, d'où vient le nom d'Arazzi : elles étaient destinées à tapisser la chapelle Sixtine, et représentent des scènes bibliques. Ces tapisseries furent endommagées et enlevées, en 1527, pendant le sac de Rome, par le connétable de Bourbon, et rendues trente ans plus tard. En 1797, les Français les enlevèrent de nouveau, et les vendirent à un Juif de Gênes à qui Pie VII les fit racheter en 1808.

Galerie des Cartes géographiques. — Cette galerie, qui se trouve entre la première et la seconde partie des Arazzi, a été ornée de cartes géographiques, par ordre de Grégoire XIII. Ces

cartes furent exécutées par le P. Danti, dominicain, et représentent les divers pays de l'Italie
ancienne et de l'Italie moderne.

Sortie. — Si, au fond de la deuxième partie
de la galerie des Arazzi, *la porte est ouverte*, on
pourra sortir par l'escalier qui rejoint la *Scala
Regia* (quatrième entrée), ou bien traverser de
nouveau les *chambres de Raphaël*, et sortir par
la *cour de S.-Damase* (deuxième entrée). *Si cette
porte est fermée*, on ira prendre l'escalier à
l'autre extrémité de la galerie, et on sortira par
la porte qui est sous la *salle de la Bige* (cinquième entrée).

MANUFACTURE DE MOSAIQUES. — Cette
manufacture, d'où sont sorties les magnifiques
mosaïques de S.-Pierre et tant d'autres, est
située dans le palais du Vatican, au-dessous du
musée lapidaire(1). Les émaux que l'on emploie,
pour la reproduction des peintures, offrent
des nuances si variées, que leur nombre atteint
le chiffre de dix mille. Les grands tableaux,
comme ceux de S.-Pierre, demandent de quinze
à vingt ans de travail aux artistes qui les exé-
cutent.

(1) L'entrée est à l'angle de la cour de S.-Damase,
près de l'escalier C (deuxième entrée).

VISITES SUPPLÉMENTAIRES

Il y a un certain nombre de monuments et de curiosités que nous n'avons point fait entrer dans les itinéraires que nous avons tracés pour la visite de Rome : les uns parce que chacun aura occasion de les voir pendant ses courses particulières ; les autres parce qu'ils sont trop éloignés, et que leur visite eût demandé trop de temps et occasionné trop de fatigue, si elle eût dû s'ajouter immédiatement aux longues courses de la journée.

Nous allons passer en revue les principaux de ces monuments et les plus intéressantes de ces curiosités, de manière à permettre à chacun d'utiliser au mieux ses courses particulières, et aux intrépides de voir le plus possible, tout en donnant à chacun le conseil de ne pas trop présumer de ses forces.

LE CORSO. — Le Corso, que nous avons déjà aperçu et que chacun aura l'occasion de parcourir en son particulier, est la rue prin-

cipale de Rome : c'est l'ancienne voie **Flami-**
nienne, qui partait du Capitole et se dirigeait
vers le nord. Le Corso commence à la **place de**
Venise, sur laquelle s'élève le palais de ce
nom **I**).

Palais de Venise. — Plan I. 7. — Cet antique
palais, à l'aspect féodal, appartenait à la République de Venise ; aujourd'hui, il appartient à l'Autriche, qui en a fait la résidence de
son ambassadeur.

Palais Torlonia. — (Plan I. 6.) — En face, le
long du côté de la place qui fait suite au Corso, est le palais Torlonia, qui est décoré inté-
rieurement avec une grande magnificence.

Palais Bonaparte. — Plan I. 6.; — Le palais
qui se trouve à l'angle gauche du Corso est le
palais Bonaparte.

Palais Doria Pamphili. — (Plan I. 6.) — Le
palais qui suit est le palais Doria, qui a une
belle façade sur le Corso. Il est très vaste et
renferme une galerie de huit cents tableaux
distribués en quinze salles.

En face, se trouvent les palais **Salviati et**
Odescalchi ; à l'angle du même palais, nous
avons vu l'église de **Santa Maria in Via Lata**.

(1) D'ici partent sept lignes d'omnibus : 1° S.-Pierre ;
2° la gare, par Trévi ; 3° la gare, par la *via Nazionale* ;
4° la place de l'Indépendance, par la gare ; 5° la gare,
par St^e-Marie-Majeure ; 6° la place du Peuple : 7° *San*
Francesco a Ripa.

Palais Simonetti. — (Plan I. 6.) — Toujours
à gauche, après la rue de *Santa Maria in
via Lata*, s'élève le palais Simonetti, en face
duquel nous avons visité l'église **S.-Marcel.**

Palais Sciarra. — (Plan I. 6.) — Du même
côté que cette église, un peu plus loin, sur une
petite place, on admire le palais Sciarra, remarquable par son architecture; il renferme une
galerie.

Place Colonne. — (Plan H. I. 5.) — La place
Colonne, à laquelle on arrive bientôt, est entourée à l'est (sur le Corso), par le palais **Piombino,** au sud par le palais **Farrajoli,** au nord
par le palais **Chigi** et à l'ouest par l'ancien hôtel des Postes. Au milieu est la colonne de Marc-
Aurèle Antonin, haute de 29m60, et surmontée
de la statue de S. Paul.

Place Montecitorio. — (Plan H. 5.) — En passant à l'angle N.-O. de cette place, on trouve
de suite celle de Montecitorio, ornée d'un obélisque, et sur laquelle s'ouvre au nord la
Chambre des Députés. Ce grand palais était
autrefois le siège de la police pontificale et de
plusieurs tribunaux, et s'appelait *Curia Inno-
cenziana.*

Après le palais **Chigi,** on voit sur le Corso, à
gauche, les palais **Verospi** et **Teodoli.**

Église S.-Silvestre in Capite. — (Plan H. 5.)
— En face de ce dernier, la rue *delle Conver-
tite* conduit à l'église de *S.-Silvestre in Ca-*

pile, qui remonte au IIIe siècle, et fut fondée par le pape S. Denis. Plus tard elle fut dédiée aux papes S. Étienne et S. Silvestre, et on y déposa un grand nombre de corps saints; enfin, elle reçut, de la cathédrale d'Amiens, la tête de S. Jean-Baptiste, d'où lui vient son nom *in Capite*; elle possède un portrait de Notre Seigneur.

Dans le magnifique couvent des Clarisses, qui y était contigu, le gouvernement italien a installé le ministère des travaux publics et **l'hôtel des postes et télégraphes**, dont l'entrée principale est sur la *place S. Silvestre*.

Église San Lorenzo in Lucina. — (Plan B, 5.) — Un peu plus loin, près du Corso, à gauche, sur la *place San Lorenzo in Lucina*, se trouve l'église de ce nom, qui fut fondée au Ve siècle, et souvent modifiée dans la suite. Sous l'autel de la troisième chapelle, à droite, est le corps de S. François Caracciolo. Au maître-autel, une belle toile du Guide représente le **Christ en Croix**; la chapelle qui suit, à gauche, est dédiée **à l'Immaculée Conception**; sous l'autel, on conserve le gril de S. Laurent (environ 2^m sur 1^m), deux vases contenant du sang et un autre renfermant de la chair rôtie du saint martyr. (La tête du même saint, avec une grande expression de douleur, était jadis au Quirinal.) A la troisième chapelle se trouve le tombeau de Nicolas Poussin, élevé par Chateaubriand. *(D'ici part une ligne d'omnibus pour S.-Pierre.)*

Immédiatement après la place vient le palais **Ruspoli**, aujourd'hui la *Banque nationale*, et un peu au-delà, toujours à gauche, l'église **S.-Charles au Corso** appartenant aux Lombards.

Église S.-Charles au Corso. — (Plan H. 4².) — Cette église, qui est très ornée, est le rendez-vous du monde élégant ; autour du chœur, il y a une petite nef circulaire dans laquelle on rencontre un autel ; cet autel renferme le cœur de S. Charles Borromée, son crucifix, et un linge imbibé de son sang. Un hôpital annexé à cette église est à l'usage des nationaux Lombards.

Ste-Ursule. — (Plan H, 4.) — Un peu plus loin sur la droite, à l'entrée de la *ria Vittoria*, on voit la petite église de Ste-Ursule et le couvent des Ursulines, dont le gouvernement s'est emparé pour en faire une caserne, ne laissant aux religieuses qu'un local étroit et malsain.

S.-Jacques des Incurables. — (Plan H. 3¹.) — En continuant sur le Corso, on trouve sur la gauche l'église de S.-Jacques *in Augusta* ou *des Incurables*, qui fait partie d'un grand et vaste hôpital s'étendant jusqu'à *Ripetta*. Cet hôpital est admirablement aménagé et reçoit des malades des deux sexes, surtout ceux qui sont atteints de maladies nécessitant des opérations chirurgicales.

Après avoir passé deux rues, sur la gauche, on rencontre le palais **Rondinini** et on arrive ensuite à la **place du Peuple**.

VILLA BORGHÈSE. — (Plan I. J. K. 1, 2.) — Si on franchit la **porte du Peuple**, on trouve en face, un peu à droite, l'entrée de la Villa Borghèse qui renferme de vastes et beaux jardins, de superbes ombrages et une riche galerie. Elle a environ six kilomètres de tour et est ouverte au public tous les jours, le lundi excepté.

RUE DE RIPETTA. — Pour revenir, on peut prendre la *via di Ripetta*, à l'entrée de laquelle la première rue à droite *(vicolo della Penna)* conduit à une promenade ombragée sur le bord du Tibre ; à l'extrémité de la promenade, on rejoint la rue de *Ripetta*, en passant par un grand portail ; en la suivant quelques pas, on trouve, sur sa gauche, la *via de' Pontifici* ; au numéro 57 de cette rue, on peut voir les restes du **Mausolée d'Auguste**.

Hospice de S.-Roch. — (Plan II. 4.) — Revenant à la rue de *Ripetta*, on rencontre bientôt à gauche la petite église de S.-Roch, appartenant à l'hospice de la Maternité. La femme qui se présente à S.-Roch peut rester complétement inconnue, si tel est son désir ; on l'admet sans lui faire la moindre question ; elle peut même rester voilée pendant son séjour. Malgré cette grande tolérance, qui montre quel grand esprit de charité a présidé à cette fondation, l'hôpital, qui renferme vingt lits, ne reçoit guère que cent vingt femmes par an.

A quelques pas, sur la droite, est le *Ponte Nuoro* et le *port de Ripetta*, et en face, l'église **S. Jérôme des Esclavons**.

PALAIS BORGHÈSE. — (Plan H. 1³.) — Peu après cette église, on arrive, par la troisième rue à gauche, au grand et beau palais Borghèse; il renferme une galerie qui est sans contredit la plus belle des galeries particulières de Rome, et dont l'entrée est dans la cour, à gauche en entrant.

Sᵗᵉ-AGNÈS HORS LES MURS. — Cette église, située à vingt minutes de la *porta Pia*, mérite une visite, et d'ailleurs, la route qui y conduit est intéressante. *(Plusieurs lignes d'omnibus se rendant à la gare et partant, l'une de S.-Laurent in Lucina, et les autres de la place de Venise, passent devant l'Acqua Felice; on peut les prendre jusqu'à cet endroit.)*
De l'*Acqua Felice*, en neuf minutes, on atteint la *porta Pia* par la *via del 20 Settembre*. On trouve de suite, sur sa droite, une grande construction, c'est le ministère des finances; puis immédiatement à gauche, un chemin qui conduit à la *porta Salara*, et bientôt la *porta Pia*.
C'est près de cette porte que, le 20 septembre 1870, le canon des Italiens fit une brèche à la muraille et leur permit de pénétrer dans la ville des Papes, dont ils se rendirent maîtres au mépris de tout droit.

A gauche, en sortant de la *porta Pia*, on aperçoit à distance la magnifique *villa Albani*, et dans le lointain les monts de la Sabine; sur la droite, on voit successivement la *villa Patrizi*, les *jardins Lucernari*, la *villa Massimi* et surtout la *villa Torlonia*, qui est une des plus belles des environs de Rome.

Un peu plus loin, sur la gauche, en suivant la *voie Nomentane*, on trouve *Ste-Agnès*. Après avoir franchi un portail, on aperçoit, sur sa droite, une salle fermée par des vitres, dans laquelle une grande fresque reproduit un fait arrivé en ce lieu le 12 avril 1855. Pendant que le S. Père Pie IX, entouré d'un certain nombre de personnages de distinction, admettait en sa présence les élèves du Collège de la Propagande, le plancher de la salle s'écroula. On regarda comme une grâce particulière du ciel que personne ne fut blessé dans cette catastrophe ; en souvenir de cette protection, chaque année, le 12 avril, le Souverain Pontife se rendait à Ste-Agnès et à son retour, la population romaine illuminait spontanément, par reconnaissance, les rues et les places de la ville, fêtant ainsi un double anniversaire, car c'est à cette même date qu'en 1850, Pie IX rentra dans Rome après son séjour à Gaëte.

Après le martyre de Ste Agnès, son corps fut transporté ici par les soins de sa famille. Plus tard Constantin construisit une église à l'endroit où son corps avait été retrouvé.

On descend à l'église qui existe aujourd'hui par un large escalier de quarante-cinq degrés, dont les parois sont couvertes d'inscriptions recueillies dans les catacombes.

La première chapelle, à droite, renferme la tête de Christ de Michel-Ange, et la chapelle de gauche, une antique Madone.

L'autel principal, qui est surmonté d'une statue antique à laquelle on a mis une tête, des pieds et des mains en bronze, renferme le corps de Ste Agnès et celui de Ste Emerentienne, sa sœur de lait. L'église et surtout l'abside sont ornées de plusieurs mosaïques (1).

Ste-Constance. — En face de l'escalier de l'église, un peu à droite en sortant, on trouve la petite église de Ste-Constance, fille de Constantin ; cette église était originairement le mausolée de la sainte.

Catacombes. — Il y a près de Ste-Agnès des catacombes remarquables, qui furent étudiées surtout par le Père Marchi, jésuite. On y remarque principalement la crypte de la Madone, et la basilique avec son presbytérium ou sanctuaire.

(1) **Palliums.** Le jour de la fête de Ste Agnès, 21 janvier, le clergé de cette église bénit solennellement deux agneaux blancs comme la neige, qui sont ensuite donnés au chapitre de S.-Jean de Latran. Le même chapitre les porte, au Souverain Pontife qui les envoie, après les avoir bénits, dans un couvent de religieuses pour en prendre soin. Quand ils sont grands, on les tond, et avec leur laine on fait les **palliums,** qui sont déposés sur le tombeau de S. Pierre avant d'être envoyés à ceux à qui le Souverain Pontife les destine.

Revenant par le même chemin, on tourne à droite en arrivant à la *porta Pia*, et on arrive promptement à la *porta Salara*, d'où on gagne en sept ou huit minutes la *villa Albani*, dont l'entrée se trouve à droite de la *via Salara*. Cette villa, devenue la propriété du prince Torlonia, possède un musée remarquable par le nombre et la valeur des œuvres d'art qu'il renferme.

En rentrant par la *porta Salara* et en prenant la rue de droite *(via di porta Salara)*, on trouve après huit minutes, sur la droite, la *villa Ludovisi* qui appartient au prince de Piombino. Il ne faut que cinq minutes pour gagner ensuite la *place Barberini*.

S. ONUPHRE. — (Plan E. 6.) — Le *Borgo*,

quartier de S.-Pierre, communique avec le *Transtévère* par la porte *di San Spirito* et la via *della Lungara*. Après la porte de *San Spirito*, une montée rapide conduit à l'église S.-Onuphre. Du portique de cette église, qu'ornent trois petites fresques du Dominiquin, on jouit d'une très belle vue sur la ville, la campagne et les montagnes.

En entrant, on trouve à gauche le tombeau que Pie IX fit élever à la mémoire du Tasse, et celui du célèbre cardinal Mezzofanti qui parlait soixante-dix langues.

Dans le couvent voisin, on conserve religieusement la chambre où le Tasse vint passer dans le repos et la prière les dernières années de sa vie, et où il rendit à Dieu son âme sanctifiée par la retraite.

En revenant sur la Lungara, après le palais Salviati, où siège la haute cour martiale, on trouve le Jardin botanique, créé en 1837, et dans lequel on voit de beaux arbres et des plantes rares.

LE PALATIN. — (Plan J. 8, 9.) — *(Voir 2me journée.)* — Le Palatin, l'une des sept collines de Rome, est entouré par les six autres : le Capitole au N.-O., le Quirinal au N., le Viminal au N.-N.-E., l'Esquilin à l'E., le Cœlius au S.-E., et l'Aventin au S.-O.

Il est circonscrit aujourd'hui par le *Campo Vaccino* (Forum Romain), la *ria di San Teodoro*, la *ria de' Fenili*, la *ria de' Cerchi* et la *ria di san Gregorio* (ancienne voie triomphale.)

Si l'on pénètre dans les ruines du Palatin par l'entrée qui se trouve sur le Forum, en face de la basilique de Constantin, on trouve, après avoir tourné à droite, au haut de l'escalier, un petit musée qui renferme diverses curiosités provenant des fouilles. Sur la gauche de la personne qui fait face au musée se trouve l'ancien pavé du *Clivus Victoriœ*, qui conduisait au Forum par la *porte Romaine*. Dans cette partie, Caligula fit exécuter de grands travaux et en particulier il fit jeter un pont au-dessus du Forum, entre le Palatin et le Capitole.

En s'avançant de la *porte romaine* dans la direction de l'église de Ste-Anastasie, on trouve, à quelque distance des constructions de Caligula, celles de Tibère (*domus Tiberiana*).

En tournant derrière ces ruines et en remontant vers le sommet du Palatin, on rencontre une maison particulière, celle de Livie, mère de Tibère, dans laquelle on voit des peintures très bien conservées. Le passage qui donne accès à cette maison se trouve entre la maison elle-même et celle de Tibère. Si on suit ce même passage jusqu'au bout, on arrive à la maison du directeur, près de l'entrée. Mais en tournant à droite par un autre passage (restes de mosaïques à la voûte et au pavé), on arrive en montant, au palais des Flaviens.

Palais des Flaviens. — C'est la partie la plus intéressante des fouilles. La construcruction qui regarde la basilique de Constantin se compose de trois parties : C'est au milieu le *Tablinum*, vaste pièce pour donner audience, ayant plus de 1600 mq; à droite, le *Lararium*, et à gauche, la *Basilique* où l'empereur rendait la Justice. Le tout était précédé d'un grand péristyle ; du côté opposé se trouvait un grand espace carré, entouré de portiques ; le côté qui était en face le *Tablinum* était occupé par le *Triclinium* (salle à manger), et à côté était le *Nymphée*.

En continuant, on trouve d'abord un portique, puis une première pièce, la bibliothèque, et une seconde la salle de lecture.

Temple de Jupiter vainqueur. — En face ces pièces, dans la direction du Nord, sont les ruines du temple de *Jupiter vainqueur*.

Palais de Septime Sévère. — Si on prend la descente non loin de la *salle de lecture*, et

que l'on tourne par le premier chemin à
gauche qui se dirige vers le sommet de la colline, après avoir franchi plusieurs escaliers, on
se trouve au milieu de grandes ruines, restes
du palais de Septime Sévère. On trouve à
gauche, le long de la *villa Mills* un grand espace de 185ᵐ, qui était entouré de portiques;
c'était un champ de courses (stadium). Après
avoir parcouru les différentes parties de ces
ruines, dont on ne connaît pas bien la destination, on monte sur la plate-forme qui est au
sud; de cet endroit on jouit d'un très beau
panorama.

Pœdagogium. — Reprenant le même chemin, on redescendra et en face l'angle S.-O. de
la *villa Mills* on trouvera l'établissement où les
empereurs faisaient élever leurs esclaves. On
pourra voir sur les murs des noms, des inscriptions, des caricatures qui montrent que la
gent écolière de ce temps ressemblait beaucoup
à celle d'aujourd'hui.

Autel au Dieu inconnu. — En continuant
sur le penchant *ouest* de la colline, on trouvera
un autel dédié au Dieu inconnu; et, tout près,
un vieux pan de muraille, reste de l'enceinte
de la Rome primitive *(Roma quadrata)*.

Roma Quadrata. — Deux autres restes
avec celui-ci ont permis de reconstituer cette
enceinte.

En face de l'autel au Dieu inconnu est une
sortie sur la *via de Fenili*.

————

INDEX ALPHABÉTIQUE

Les folios des pages sont en avant des noms; quant aux initiales et chiffres placés à la suite de ceux-ci, ils représentent les carrés du Plan.

Églises (suite) :

73	Ste-Marie della Cons..	I, 8.
94	— in Cosmed.,	I, 9¹.
68	— di Loreto,	I, 7.
6	— Madel. (Qu.),	J, 5.
109	— des Martyrs,	H, 6.
111	— sur Minerve,	H, 6.
31	— des Miracles,	H, 3.
31¹¹	— Mon.-San.,	II, 3.
66	— des Monts,	K, 7.
51	— della Navi.,	L, 10.
44	— Nouvelle.	J, 8⁵.
123	— dell' Orto,	G, 9.
135	— della Pace,	G, 5⁴.
30	— du Peuple.	H, 2.
89	— del Prior.,	H, 10.
96	— in Porticu.	H, 7.
87	— Scala Cœli.	
95	— del Sole.	I, 9.
124	— du Transt.	F, 8.
143	— Transpont.,	E, 5.
131	— in Vallicel.,	F, 6.
105	— in Via lata,	I, 6.
25	— de la Vict..	K, 4¹.
18	S.-Martin a' Monti,	L, 7.
42	Ste-Martine,	J, 7¹.
76	S.-Nérée et S.-Ach.,	L, 11.
73	S.-Nicolas in Carc..	I, 8.
68	du S.-Nom de Marie,	I, 7.
188	S. Onuphre,	E, 6.
87	S.-Paul aux trois fontaines.	
8	S.-Paul, ermite,	K, 5.
64	S.-Pierre aux Liens,	K, 7.

127	S.-Pierre in Montorio,	F, 9.
60	S.-P. et S.-Marcellin,	M, 9.
16	Ste-Praxède,	L, 6, 7.
8	Ste-Pudentienne,	L, 6.
184	S.-Roch,	II, 4.
92	Ste-Sabine,	II, I, 10.
22	Sacré-Cœur,	M, 5.
46	S. Sébast. Palatin,	J, 8.
181	S. Silv. in Capite,	II, 5.
76	S.-Sixte,	L, 11.
25	Ste-Suzanne,	K, 4.
73	S.-Théodore,	I, J, 8.
51	S.-Thom. in For.	L, 9, 10.
28	Trinité des Monts.	I, 4.
183	Ste-Ursule,	H, 4.
4	S.-Vinc. et A. Trévi.	I, 5.
87	S.-Paul-trois-Font.	
19	S. Vit,	M, 7.

―――――

157	Entrées du Vatican.	D, 5.

―――――

· Escaliers :

32	Trinité-des-Monts,	I, 4.
158	Royal au Vatican,	D, 5.
57	Saint,	N, 9.

―――――

10	Esquilin (Mont),	L, 6.

―――――

Fontaines :

24	Acqua Felice,	K, 4².
32	Barcaccia,	I, 4.
5	Monte-Cavallo.	J, 6.
128	Pauline.	E, 9.

Fontaines (suite) :

129 Place Farnèse, G. 7.
133 — Navone, G, 6.
30 — du Peuple. H, 2.
145 — (St-Pierre, D, 5.
4 Trévi, I, 5.
27 Tritone, J, 4.

Forums :

66 Auguste, J. 7³.
74 Boarium, I, 8.
42 Romanum, J. 8.
67 Trajanum, I. J. 7.

Galeries :

188 Albani, M, 1, 2.
185 Borghèse (Palais), II, 4³.
184 Borghèse (Villa), I, J.
    K, 1, 2.
104 Colonna, I, 6.
129 Corsini, F, 7¹.
180 Doria Pamphili, I, 6.
181 Sciarra, I. 6.
164 de tableaux (Vatican), C. 4.

116 Ghetto, H, 8.

Hopitaux :

73 Consolation, I, 8.
116 Frères de St-J.-de-D., II, 8.
186 Lombards, H, 4².
141 S.-Esprit. E. 5¹.
183 S.-Jacq.-des-Incur., H, 3¹.
52 S.-Sauveur. M. 9.

Hospices :

142 Aliénés. E, 5.
184 Maternité, H, 4.
24 Ste-Marie-des-Ang., L, 4,5.
96 Santa-Galla, I, 8.
122 S.-Michel. H, 9, 10.
184 S.-Roch. H, 4.
24 Sourds-Muets, L, 4, 5.

110 Ile de St-Barthélemy, H, 8.
126 Janicule (Mont), E, F, 8, 9.
189 Jardin botanique, E, 6.
172 Jardins du Vatican, C, 4.
75 La Marrana, 10.
162 Loges de Raphaël, C, 4.
28 Mater admirabilis, I, 4.
140 Mausolée d'Adrien, F, 4, 5.
184 Mausolée d'Auguste, H, 4.
46 Meta sudans, K, 8.
63 Mithras (Sanct. de), L, 8.
5 Monte-Cavallo, J, 6.
181 Monte-Citorio, H, 5.
89 Monte-Testaccio. H, 12.
178 Mosaïques (Fabr. de), C, 4.

Musées :

170 Antiquités (Vatican), C, 4.
37 Capitole, I, 7.
171 Chiaramonti, C, 4.
176 Égyptien, C, 4.
173 Étrusque. C. 4.
107 Kircher, I. 6¹.
56 Latran, N, 9.
172 Pio-Clementino, C, 4.

Musées (suite) :

32 Propagande, I, 4¹.
170 Vatican, C, 4.

Obélisques :

110 Minerve, H, 6.
181 Place Monte-Citorio, II, 5.
29 — du Peuple, H, 2.
144 — S.-Pierre, D, 5.
5 Quirinal, J, 6.
51 S.-Jean de Latran. N, 9.
10 S⁺⁺-Marie-Majeure, L, M, 6.
27 Trinité des Monts, I, 4.

---

107 Observatoire (Collège Romain), I, 6¹.
115 Octavie (Por. d'), II, 8¹.

Palais :

27 Barberini, J, K, 4.
180 Bonaparte, I, 6.
185 Borghèse, H, 4³.
133 Braschi, G, 6⁸.
189 Césars, J, 8, 9.
131 Chancellerie, G, 6⁶.
181 Chigi, H, I, 5.
103 Colonna, I, 6².
37 Conservateurs, I, 7.
6 Consulta, J, 6.
129 Corsini, F, 7¹.
105 et 180 Doria. I, 6.
129 Farnèse, G, 7¹.
181 Farrajoli, I, 5.

143 Giraud, E, 5.
56 Latran. N, 9.
104 et 180 Odescalchi, I, 6.
5 Quirinal, J, 5.
104 Rospigliosi. J, 6.
184 Rondinini, II, 3.
183 Ruspoli, II, 4¹.
189 Salviati (Lungara), E, 6.
180 Salviati (Corso). I, 6.
181 Sciarra Colonna, I, 6.
37 Sénatorial, I, 7.
181 Simonetti, I, 6.
181 Teodoli, H, 5.
180 Torlonia, I, 6.
156 Vatican. C, 4.
180 Venise, I, 7.
181 Verospi, II, 5.

---

45 et 189 Palatin (Mont), J, 8, 9.
187 Palliums.
109 Panthéon. II, 6.
42 Phocas (Colonne de), J, 8.

Piazza :

35 d'Ara cœli, I, 7.
26 Barberini, J, 4.
94 Bocca della verità, I, 9.
185 Borghèse, II, 4.
96 Campitelli, II, 7.
130 Campo di Fiori, G, 7.
37 du Capitole, I, 7.
33 Capranica, II, 5.
181 Colonna, II, I, 5.

Via (rues) (suite) :

Bonella, J, 7.
Borgo Nuovo. E, 5.
Borgo San Spirito, E, 5.
Borgo Vecchio, E, 5.
Botteghe Oscure (delle), H, I, 7.
Cairoli, N, 7.
Capo di ferro. G, 7.
Catarina a' funari (di S), H, 7.
Cavour, K, L. 6, 7.
Cecilia (di Sᵃ), H, 9.
Cerchi (de'), J, 9.
Cestari (de'), H. 6.
Chiara (Santa), H, 6.
Clementino (del), G, 5.
Colonna, H, 5.
Colosseo (del), K. 7, 8.
Condotti, H, I, 4.
Consolazione (della), I, 8.
Copelle (delle), H, 5.
Cornacchie (pozzo delle), H, 5.
Coronari (de'), F, G, 5.
Corso, H, I, 3 à 6.
CorsoVittorio Emanuele, F à H, 6, 7.
Croce Bianca (di), J, 7.
Crociferi (de'), I, 5.
Dataria (della), I, J, 5.
Dorotea (Santa), F, 8.
Felice, J, 4.

Fenili (de'), F, 8.
Fontanella di Borghese, H, 4.
Foro Trajano, I, 7.
Francesco (San), G, 9.
Garibaldi, F, 8, 9.
Giovanni (San), L, M, 8, 9.
Giovanni della Malva, F, 8.
Giovanni e Paolo (Santi), K, 9.
Giubbonari (de'), G, 7.
Giulio Romano, I, 7.
Governo Vecchio (del), G. 6.
Gregorio (San), K, 9.
Labicana, L à O, 8.
Lungara, E, F, 6, 7.
Macello de' Corvi, H.
Magnanapoli, J, 6, 7.
Marco (San), I, 7.
Marforio (di), I, 7.
Maria dell' Orto (Santa), H, 9.
Maria in via (Santa), I.
Mercede (di), I, 5.
Merulana, M, 7, 8, 9.
Minerva (della), H, 6.
Monserrato (di), F, G, 6, 7.
Monte Brianzo (di), G, 5.
Monte Caprino (di), I, 8.
Monte Farina (di), H, 7.
Muratte (delle), I, 5.
Nazionale, I, J, K, 5, 6.

(Via (rues) (suite) :

Nicola di Tolentino (San), J, K, 4.

Panico (di), F, 5.

Pellegrino (del). F, G, 6.

Penna (della), G. H, 3.

Pescheria (della). H, 7, 8.

Pettinari (de'), G, 7.

Pia, E. 4.

Pianto (del), H. 7.

Pietra (di), I, 5.

Pietro a' Vincoli (San), K, L, 7.

Pilotta (della), I, J, 6.

Plebiscito (del). H, I, 6, 7.

Polveriera (della), K, 8.

Pontefici (de'), H, 4.

Porta Portese, G, 10.

Porta Salara, L. 3.

Porta San Lorenzo, M, N, 5, 6.

Porta San Pancrazio, E, 9.

Porta San Sebastiano, K à M, 10 à 13.

Pozzetto (del), I, 5.

Pozzo delle Cornacchie, H, 5.

Prassede (Santa), L. 7.

Principe Eugenio(del),N,7.

Propaganda (di), I. 4.

Quattro Fontane (delle), J à L, 5, 6.

Ripetta (di), II, 3, 4.

Ripresa de' Barberi, I, 7.

Salumi (de'), H, 9.

Santa-Croce. O, 8.

Scala (della), F, 8.

Scrofa (della), II, 4, 5.

Sediari (de'), G, 6.

Seminario (del), II, 6.

Serpenti (de'), K, 6, 7.

84 Sette Chiese (delle).

Sette Sale (delle). L, M, 7.

Sistina, I, J, 4.

Stefano Rotondo (San), L. M, 9.

Suzanna (Santa), K, 4.

Teodoro (San), I, 8.

Testa Spaccata, I, 7.

Tor Argentina (di), H, 6, 7.

Tor de' Conti, J, 7.

Tor de' Specchi, I, 7.

Tor di Nona, F, 5.

Urbana, K, L, 6. 7.

Vascellari (de'), II, 9.

Venti Settembre (del), K à M, 3 à 5.

Vergini (delle), I, 5. 6.

Vincenzo (San), G, 7, 8.

Vito (San), M, 7.

Vittoria, H, 3.

Villa :

186 Albani, M, 1, 2.

184 Borghèse, I, J, K, 1, 2.

188 Ludovisi, J, 3, 4.

Villas (suite) :

186 Massimi.
 29 Médicis, I, 3.
191 Mills, J, 9.
128 Pamphili.
186 Patrizi, M, N, 2, 3.
186 Torlonia.

7 Viminal, K, L, 5, 6.

Voies :

76 Appienne, M, 13.
77 Ardéatine.
76 Latine, N à Q, 12, 13.
186 Nomentane, M à O, 1

1058 — Imp. coop. de Reims (N. Moser, dir.), rue Buche, 24.

On trouvera également chez M. DUBOIS POPLIMONT, 220, *rue de Vesle, à* REIMS, des **Plans** semblables à celui joint au *Guide,* aux conditions suivantes :

25 cent. l'exemplaire, franco ;

2 fr. les 10, franco ;

15 fr. les 100, franco en un colis postal à la gare la plus rapprochée.

10599 — Imp. coop. de Reims. rue Pluche, 24.

www.ingramcontent.com/pod-product-compliance
Lightning Source LLC
Chambersburg PA
CBHW070618100426
42744CB00006B/528